A Deus pela
Beleza

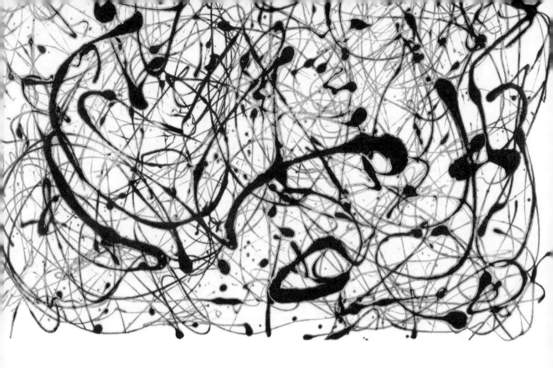

A Deus pela Beleza

EDUARDO CAMINO

Título original
A via pulchritudinis

Copyright © Ediciones Encuentro S.A., Madrid 2016.

Capa
Gabriela Haeitmann

Dados Internacionais de Catalogação na Publicação (CIP)

Camino, Eduardo
   A Deus pela Beleza/ Eduardo Camino; tradução Juliana Amato. — 1. ed. — São Paulo, SP: Quadrante Editora, 2022.

   ISBN: 978-85-7465-390-7

   1. Arte 2. Contemplação 3. Estética 4. Filosofia I. Título.

CDD-100

Índices para catálogo sistemático:
1. Filosofia 100

Todos os direitos reservados a
QUADRANTE EDITORA
Rua Bernardo da Veiga, 47 - Tel.: 3873-2270
CEP 01252-020 - Sao Paulo - SP
www.quadrante.com.br / atendimento@quadrante.com.br

Sumário

Introdução.. 9

PRIMEIRA PARTE
Uma via privilegiada de evangelização:
Beethoven e o *Hino à Alegria*.................................. 13

CAPÍTULO I | Algo mais que uma intuição...................... 17
Duas vias privilegiadas de evangelização:
os santos e a beleza.. 17
Uma explicação possível: a atual dispersão dos
transcendentais... 22
A sua força: entusiasmo ou catarse............................ 30

CAPÍTULO II | Encontrar a beleza................................. 33
Características da beleza: a plenitude da forma............ 33
Beleza objetiva ou subjetiva: pode haver beleza
sem gosto?.. 37
Beleza e fé: o encontro com Deus................................ 39

CAPÍTULO III | Capazes de apreendê-la......................... 47
Criados para a beleza.. 48
Com novos olhos: as disposições................................ 51
Formar: cultivar o caráter e aprimorar o gosto............. 60

SEGUNDA PARTE
   Há belezas, beleza... e Beleza
   Platão e o Mito da Caverna... 67

CAPÍTULO IV | A beleza do cosmos e do homem **73**
   A beleza da Criação... 73
   A pessoa: uma palavra que Deus pronuncia sobre
      Si mesmo 76
   A beleza pessoal como resposta amorosa
      ao Criador... 83
   O agere: a beleza do bem... 87
   Glorificai, pois, a Deus no vosso corpo
      (1 Cor 6, 20)... 92

CAPÍTULO V | O *facere*: a beleza das grandes obras **99**
   Quando o artista toma o lugar do Criador:
      o «novo» problema da beleza..................................... 100
   A arte do artista 104
   As grandes obras (em especial as de arte sacra)............ 107
   A beleza da liturgia 110
   A arte da palavra: narrar histórias................................... 117
   A beleza da pregação (da história da salvação)............. 120

TERCEIRA PARTE
   Testemunhos da beleza
   A Transfiguração do Senhor 125

CAPÍTULO VI | Testemunho da beleza **129**
   A beleza da luz... 129
   Cristo, modelo de beleza 131
   Beleza e Amor... 134

CAPÍTULO VII | Testemunhos da beleza **141**
   Os apóstolos: transmitir belamente o Evangelho 141
   A beleza de todos os santos e da Virgem......................... 147
   «E quando eu for levantado da terra, atrairei
      todos os homens a mim» (Jo 12, 32)............................ 153

A todos para quem
um Deus racional parece pouco
e anseiam a cada dia por ver Seu rosto:
«Não escondais de mim vosso semblante» (Sl 27,8).

Pois a razão busca,
mas é o coração que encontra.

Introdução

Se há uma coisa que pude comprovar ao longo da redação destas páginas é que Platão estava certo quando afirmava que «o belo é difícil»[1].

Em nossas conversas cotidianas, consideramos belo um poema, um pôr do sol, um romance, a inocência de uma criança, um quadro, um filme, uma escultura, uma ideia, uma melodia, o amor materno, uma mulher etc. São belezas que, entre si, dividimos e qualificamos como naturais, artísticas, espirituais, morais, sensíveis, expressivas, ideais etc. Além disso, tomando como exemplo a beleza de uma mulher (não a da mulher em geral, mas a de uma mulher específica, pois a beleza, como veremos, é sempre concreta), constatamos que alguns a acham bela por seu rosto; outros, por seu corpo; outros, por sua personalidade radiante; outros, por seu modo de ser... Outros quiçá não saibam explicar muito bem de onde vem a sua beleza, mas também a acham bela. Tudo isso faz com que nos perguntemos: por que consideramos belas realidades tão diferentes? O que faz delas realmente formosas? O que é, no fim das contas, a beleza?

Platão tinha razão. A beleza é difícil porque reflete uma realidade múltipla, densa, profunda e misteriosa; uma realidade que parece não esgotar-se nunca; que nos supera, que evoca a graciosidade e que, como veremos, nos remeterá à verdade e sobretudo ao bem — como fim último, fundamento de tudo. Como

---

1   Platão, *Hípias maior*, 304e.

dizia Heidegger em relação às grandes obras: elas despertam em nós o mistério do ser, são uma *epifania* do ser[2]. Encontramo-nos, portanto, diante de um termo analógico que, ao apresentar-se como dimensão inesgotável do real, é capaz de expressá-lo, mas em realidades muito distintas e sempre novas. Por isso o belo resiste a ser conceitualizado. Não é possível «apreendê-lo»; se o fizéssemos, acabaríamos com o seu esplendor. É por isso que E. Jüngel afirma com desenvoltura que «belo é aquilo que sai do quadro».

Pois bem, mesmo que seja difícil, todos notamos que, quando ele irrompe em nossas vidas, o coração se inquieta. «O belo desperta em mim a nostalgia do absoluto», confessava Daniélou. Surge então o desejo de mais, do infinito. Elevamo-nos, engrandecemo-nos. O mundo, por alguns instantes, parece pequeno para nós. Desejamos o máximo. Buscamos e recordamos o bem, talvez perdido há anos, escondido no sótão ou debaixo dos lençóis.

E passarão os dias, os meses e anos, mas o belo não passará. Como se diz no filme *Splendor in the Grass*: «Ainda que meus olhos já não possam ver esse puro lampejo que me deslumbrava, ainda que nada mais me possa devolver as horas de esplendor na relva, da glória das flores, não devemos nos afligir, pois a beleza sempre permanece na lembrança». Dessa lembrança viveremos e, com ela, voltaremos a recuperar (se for o caso) o bem e a verdade.

Por isso a sua imensa importância. Bastaria recordar o que muitos sustentam: que a vida seria insuportável sem ela; ou então nomear sua grande força para mover, conquistar, educar, envolver; ou ainda reconhecer a sua presença em muitas de nossas decisões. Muitas vezes, o carro que usamos, a casa que habitamos, o vestido, o parque no qual gostamos de correr, o local onde escolhemos descansar etc. respondem (talvez entre outras razões mais ou menos econômicas ou práticas) a uma motivação estética. Além disso, a beleza nos vai formando porque nessas decisões nos refletimos, revelamos a nós mesmos (às vezes até o que temos de mais íntimo) e, consciente ou in-

---

2   Cf. M. Heidegger, *Sendas perdidas*. Buenos Aires, Losada, 1969, p. 53.

conscientemente, nos vamos construindo segundo a ideia que fazemos dela. Nesse sentido, São João Paulo II convidava todos a assumi-la de tal maneira que cada um lutasse para fazer de sua vida «uma obra de arte»[3].

Este ensaio está dividido em três partes. Na primeira, trataremos desta dificuldade e falaremos sobre tudo isto: sobre a força da beleza, sobre o estupor e a maravilha que desperta, bem como sobre aquilo que consideramos necessário para apreendê-la. Pois não são todos os que têm condição de «encontrá-la», e muitos não conseguem vislumbrar senão belezas superficiais e passageiras. Na segunda parte, refletiremos sobre os diversos tipos de beleza e, na terceira, analisaremos a demonstração máxima de beleza pessoal.

A beleza é capaz de alcançar e penetrar os corações mais frios e enrijecidos, momentaneamente afastados da verdade e do bem e, portanto, da autêntica realidade. Hoje, seguem sendo muitos os que escutam sem entender e olham sem ver, «pois o coração deste povo se endureceu: taparam os seus ouvidos e fecharam os seus olhos, para que seus olhos não vejam e seus ouvidos não ouçam, nem seu coração compreenda; para que não se convertam e eu os sare» (Mt 13, 15).

Que essas reflexões ativem a lembrança e a nostalgia dos valores perdidos e despertem o espírito. Que encontrá-la seja um reencontrar-se, um descobrir ou redescobrir o próprio destino, a Beleza sem fim. E que a *via pulchritudinis* que nos preparamos para percorrer nos ajude também a redescobrir belezas mais «elevadas» — e mais: que consiga fazer com que contemplemos a beleza onde antes os nossos olhos só conseguiam captar uma feiura aparente e inexplicável.

$$* * *$$

Meus agradecimentos a Xavier Serra, Michel Esparza, Pablo Blanco e Daniel Marcellán pelo tempo dedicado ao texto e por

---

3   São João Paulo II, *Carta aos artistas*, 4 de abril de 1999, n. 2.

EDUARDO CAMINO | A Deus pela Beleza

todas as sugestões e correções; a Pablo Prieto, pelas críticas certeiras, pelas novas abordagens e colaborações. Agradeço, sobretudo, a Vicente Polo, por sua paciência e pelos diálogos férteis. Ele sempre me estendeu a mão quando o caminho se tornava escuro demais e, por isso, mais difícil.

PRIMEIRA PARTE

Uma via privilegiada de evangelização: Beethoven e o *Hino à Alegria*

«A humanidade pode viver sem a ciência,
pode viver sem pão,
mas sem a beleza não conseguiria viver,
pois nada haveria que fazer no mundo.
Todo o segredo está aqui.»
— F. Dostoiévski

Assim narra o filme *Copying Beethoven* (Agnieszka Holland, 2006) a composição da última parte do famoso *Hino à alegria*. O gênio, já em seu leito de morte, mas ainda em estado criativo, consegue tirar forças de sua fraqueza para transmitir à sua ajudante o que se agita em sua cabeça. Ela pergunta, inicialmente:

— Começa em que tom?

— Sem tom.

— Sem tom? É impossível escrever uma música sem tom.

— É impossível escrever isso, a menos que seja sem tom. Tempo de entrada *molto adagio, sotto voce.* Primeiro violino: as notas dó central até lá. Compasso. Sol a dó, ligadura, fá. Segundo violino. Pauta dois: de dó a lá, dupla si e sol, dó.

— Pronto.

— Outra clave.

— É um hino.

— Sim, um hino para agradecer.

— Agradecer?

— A Deus. Por ter me salvado para que eu pudesse terminar meu trabalho. Depois do *pianissimo*, continua o cânone. O primeiro violino toma o lugar de destaque. Viola, dó até lá. Lentamente, vai ganhando força. Segundo violino, dó até lá.

— Não tão alto?

— Sim, depois começa a disputa. Primeiro violino, dó, uma oitava acima e depois até sol. E o violoncelo...

— Diminuindo...

— Sim, diminuindo. Notas mínimas, fá, mi, ré, diminuindo continuamente. E depois uma voz... Uma voz frágil surge lamentando-se sobre as demais.

— A disputa continua...

— Continua. Movendo-se sobre a superfície.

— *Crescendo*?

— Isso. O primeiro violino se prolonga, suplicando a Deus; e, então, Deus responde. As nuvens se abrem. As mãos amorosas se enlaçam e são elevadas ao céu. O violoncelo se mantém cauteloso. Mas as outras vozes se elevam em um lamento.

— Por um instante?

— Isso, por um instante. Um instante no qual pode-se viver para sempre. A terra não existe. O tempo é infinito. E as mãos que te elevaram acariciam o teu rosto, moldando-o como o rosto de Deus. Tu és uma. Estás em paz. Enfim, livre.

— Sim.

Sim. De fato, ao compositor era difícil passar à pauta tudo o que se agitava em sua cabeça naqueles momentos, dar vazão a tanta beleza. Não só porque — já o dissemos — a beleza não é fácil, mas porque, quando se trata da beleza autêntica, qualquer pauta, tela ou caderno sempre revelam-se pobres.

Uma via privilegiada de evangelização:

Isso é algo que se vê em toda parte. «Todos os artistas têm em comum a experiência da insondável distância que há entre a obra de suas mãos, mesmo que bem-sucedida, e a perfeição fulgurante da beleza vislumbrada no calor do momento criativo: o que conseguem expressar no que pintam, esculpem ou criam é apenas um reflexo tênue do esplendor que, por alguns instantes, brilhou diante dos olhos de seu espírito»[1]. A beleza os supera e, quando surge, aparece sem medida, como um cavalo descontrolado impossível de domar. Intuem-na ou a veem, mas ela escapa. No fim, a tela ou a sinfonia só conseguem capturar uma parte dela.

Quem nunca se sentiu como que hipnotizado, petrificado, arrebatado, sem palavras, diante de uma escultura ou um quadro? Ou quem nunca se sentiu como que «fora de si» ante o poder de uma melodia, identificando em si mesmo uma emoção e um gozo indescritíveis, sentindo-se livre por alguns instantes — como Beethoven: plenamente livre, desconectado do tempo e do espaço? Assim dizia um dos protagonistas do filme *Cadena Perpetua* quando, num dado momento, atrás dos muros da prisão, escuta pelos alto-falantes do pátio um trecho das *Bodas de Fígaro*: «Não tenho a mínima ideia do que (...) cantavam aquelas duas italianas, e nem quero saber — não é preciso compreender as coisas boas. Suponho que cantavam algo tão bonito que não podia ser dito com palavras e que, exatamente por isso, era de palpitar o coração».

«Beethoven confessou em certa ocasião que lhe fora concedido viver em uma região de inigualável beleza, e a missão de sua vida consistia em transmitir aos homens esse tesouro por meio da linguagem musical. Quando escutamos os primeiros compassos do *Agnus Dei* de sua Missa Solene, nosso ouvido se satisfaz com a delícia de certos timbres e harmonias. Mas esses sons não nos embriagam com seu encanto; levam-nos, antes, a um mundo superior, nos incitam a transcendê-los — sem abandoná-los — e a nos unirmos à misteriosa súplica pela paz, a nos recolhermos diante do temor à guerra e a vibrar com o grito

---

1 *Ibidem*, n. 6.

aflitivo da soprano diante do redobre ameaçador dos tambores distantes. Quando solistas, coro e orquestra se transformam em uma grande súplica pela paz («*Miserere, miserere; dona nobis pacem*»), vemo-nos transportados ao reino da bondade e da esperança»[2].

É que tudo o que é belo não só evoca ou propõe; também arrebata ou, como dizia G. Thibon, «eleva-nos acima ou mergulha-nos por sob o instinto do prazer; faz penetrar em nós algo do fogo do inferno ou da luz do céu, e às vezes — é a contradição e o tormento das grandes paixões — as duas coisas ao mesmo tempo»[3]. Eis por que Fiódor Dostoiévski escreveu em *Os irmãos Karamázov*: «A beleza é algo terrível. É a luta entre Deus e satanás, e o campo de batalha é o meu coração».

Quando a encontrarmos, a razão, a vontade e os sentimentos se «elevarão», incapazes de permanecerem quietos. Quando ela aparecer, todo o nosso ser se inquietará e entrará no «jogo» desta terrível batalha. Oxalá a luta se encerre como no filme *King Kong*, de P. Jackson: «Foi a beleza que matou a fera».

---

2   A. López Quintás, «La Belleza y su Poder Transfigurador».

3   G. Thibon, *Nuestra mirada ciega hasta la luz*. Rialp, Madri, 1973, p. 141.

Algo mais que uma intuição

Duas vias privilegiadas de evangelização: os santos e a beleza

Como já antecipamos, este livro começa a «formar-se» a partir da seguinte afirmação do então cardeal J. Ratzinger: «Estou convencido de que a verdadeira apologia da fé cristã, a demonstração mais convincente de sua verdade, contra toda negação, são, de um lado, todos os santos e, de outro, a beleza que ela originou. Para que a fé possa crescer atualmente, devemos nos guiar a nós mesmos e aos homens com os quais nos relacionamos a conhecer os santos e a entrar em contato com o belo»[1]. Ditas assim, essas palavras respondiam a algo mais além da mera intuição. Soavam como provocações, quase como

---

[1] J. Ratzinger, «O sentimento das coisas, a contemplação da beleza», mensagem aos participantes do «Encontro de Rimini (Itália) para a amizade entre os povos», de 18 a 24 de agosto de 2002. Nestas páginas trataremos apenas da beleza, mas podemos adiantar que, no fim de nosso percurso, as duas vias se unem: as pessoas que lutam pela santidade são as que transmitem mais beleza em suas vidas ao deixar que brilhe nelas o próprio Cristo, a verdadeira Beleza.

Quase com as mesmas palavras, insistia: «Com frequência afirmei a minha convicção de que a verdadeira apologia ao cristianismo, a demonstração mais convincente de sua verdade contra tudo o que o nega, é constituída, por um lado, pelos santos e, por outro, pela beleza originada pela fé» (J. Ratzinger, *Caminos hacia Jesucristo*. Ed. Cristianidad, Madri, 2004, p. 39). Ou, também, dirigindo-se ao clero da diocese de Bolzano-Bressanone, em 6 de agosto de 2008: «Na realidade, já disse em outra ocasião que, para mim, a arte e os santos são a maior apologia de nossa fé». E a mesma ideia pode ser encontrada no *Informe sobre la fe*, BAC, Madri, 1985, pp. 142-143. Novas referências surgirão ao longo destas páginas.

«profecias». Que a apologia e o crescimento da fé, sua defesa e expansão, encontrem hoje um curso privilegiado sobretudo através de dois caminhos, e que um deles seja a beleza, é algo que merece reflexão.

Para começar, o caminho «dos santos», com seu testemunho de vida, pode ser mais claro; mas... a beleza. Por quê? Por que a beleza é um caminho privilegiado para defender, encontrar e viver a fé em plenitude no mundo e diante do homem atual? O que eu sabia sobre a beleza? A única coisa que me era clara então era que, se uma mente como a de J. Ratzinger podia fazer uma afirmação desse tipo, a beleza era algo que eu até agora havia subestimado. Ao começar os primeiros passos da minha pesquisa, foi fácil comprovar que essa não era uma afirmação isolada. Suas palavras vinham emolduradas pelo diálogo que a Igreja mantém há muito tempo com os artistas e, de modo mais concreto e atual, pela chamada *via pulchritudinis*, uma recente linha de reflexão filosófico-teológica que trata a beleza como caminho que facilita o encontro com Deus[2]. Assim, se por séculos a beleza passou quase despercebida como reflexão teológica, nesses últimos anos assistimos ao seu «redescobrimento». A confiança que o Papa emérito demonstra nela (e nos santos) como caminho de evangelização se encaixa nesta linha de pensamento que, pouco a pouco, se vai calando e estendendo-se.

A seguir exporemos sinteticamente quais têm sido, ao longo destas últimas décadas, as principais intervenções sobre o assunto[3]. Trata-se de uma síntese subjetiva, é claro, mas que manifesta ao menos dois fatos. De um lado, que a preocupação da Igreja com a *via pulchritudinis* não é algo tão recente. De outro, que essa preocupação tem sido constante. Desta maneira, as seguintes intervenções cercam e contextualizam a *intuição* do Papa emérito, demonstrando que não resulta em um feito nem moderno, nem isolado.

---

2   No ano 406, o bispo São Paulino de Nola surge como verdadeiro precursor da *via pulchritudinis* ao afirmar: «A única arte que temos é a fé, e Cristo é a poesia».

3   Para as breves pinceladas históricas a seguir, consultamos o artigo de P. Iacobone, «Il dialogo tra la Chiesa e gli artisti nel magistero più recente, de Paolo VI a Benedetto XVI», publicado em http://www.cultura.va.

Começamos por voltar ao pontificado de Paulo VI, do qual podemos destacar o encontro significativo que teve com os artistas na Capela Sistina em 7 de maio de 1964, e essas suas palavras na mensagem de encerramento do Concílio Vaticano II: «O mundo em que vivemos precisa da beleza para não desfazer-se em desespero. A beleza, assim como a verdade, transmite alegria em nossos corações humanos; é esse fruto precioso que resiste à passagem do tempo, que une as gerações e as une na admiração»[4].

São João Paulo II tinha não só uma notável bagagem filosófico-teológica, mas também artística, como poeta e dramaturgo. Renovou e promoveu o diálogo com os artistas e, seguindo os passos de Paulo VI, surpreendeu dedicando a eles uma carta apostólica na Páscoa da Ressurreição de 1999[5]. Nela, afirma: A arte, «mesmo fora das suas expressões mais tipicamente religiosas, mantém uma afinidade íntima com o mundo da fé, de modo que, até mesmo nas condições de maior separação entre a cultura e a Igreja, é precisamente a arte que continua a constituir uma espécie de ponte que leva à experiência religiosa. Enquanto busca do belo, fruto duma imaginação que voa mais acima do dia a dia, a arte é, por sua natureza, uma espécie de apelo ao Mistério. Mesmo quando perscruta as profundezas mais obscuras da alma ou os aspectos mais desconcertantes do mal, o artista torna-se de qualquer modo voz da esperança universal de redenção» (n. 10). E então, quase no fim do documento: «A beleza é chave do mistério e apelo ao transcendente. É convite a saborear a vida e a sonhar o futuro. Por isso, a beleza das coisas criadas não pode saciar, e suscita aquela arcana saudade de Deus» (n. 16).

Entre 17 e 19 de fevereiro do ano 2000, os artistas tiveram o seu próprio Jubileu e, no fim da Missa celebrada nessa ocasião,

---

4   Outros discursos significativos poderiam ser: o pronunciado quando da inauguração da Coleção de Arte Religiosa Moderna dos Museus Vaticanos, em 23 de junho de 1973, e o dirigido aos participantes do VII Congresso Mariológico Mariano Internacional, em 16 de maio de 1975, onde ele destaca a importância da *via pulchritudinis* nos estudos teológicos e, especialmente, mariológicos.

5   É curioso que a palavra «mistério» apareça trinta vezes nessa carta, principalmente por ser um texto tão breve.

São João Paulo II lembrou-lhes da função evangelizadora da beleza, dizendo-lhes que, se fossem capazes de vislumbrar, nas diversas manifestações da beleza, um feixe da beleza suprema, então *a arte se transformaria em uma via para Deus*[6].

Seu sucessor, Bento XVI, também era um amante da cultura e da arte em geral — principalmente da música — antes de assumir o pontificado. É ele quem, de modo concreto e insistente, propõe — como dizíamos — a *via pulchritudinis*. Aos textos citados, acrescentamos estas suas palavras pronunciadas na apresentação do Compêndio do Catecismo, quando falava das imagens que o ilustram: «As imagens e a palavra iluminam-se reciprocamente. A arte sempre "fala", ao menos implicitamente, do divino, da beleza infinita de Deus, refletida no ícone por excelência: Cristo Senhor, Imagem do Deus invisível. As imagens sagradas, com sua beleza, são também o anúncio evangélico e expressam o esplendor da verdade católica, mostrando a suprema harmonia entre o bem e o belo, entre a *via veritatis* e a *via pulchritudinis*»[7].

Em 21 de novembro de 2009, volta a convidar os artistas à Capela Sistina para recordar-lhes que «a beleza que se manifesta na criação e na natureza e que se expressa através das criações artísticas, precisamente pela sua característica de abrir e alargar os horizontes da consciência humana, de remetê-la para além de si mesma, de aproximá-la ao abismo do Infinito, pode tornar-se um caminho para o Transcendente, para o Mistério último, para Deus. A arte, em todas as suas expressões, no momento em que se confronta com as grandes interrogações da existência, com os temas fundamentais dos quais deriva o sentido do viver, pode assumir um valor religioso e transformar-se num percurso de profunda reflexão interior e de espiritualidade. Esta afinidade,

---

6   Para não nos estendermos desnecessariamente, recordemos a menos conhecida carta apostólica *Duodecimum saeculum* (1987), que escreve para o décimo segundo centenário do II Concílio de Niceia, dedicado à discussão sobre as imagens. Nela afirma, por exemplo, que o fiel «deve ser ajudado na oração e na vida espiritual com a visão de obras que tratem de expressar o mistério sem jamais chegar a ocultá-lo. Esta é a razão pela qual hoje, assim como no passado, a fé é a inspiração necessária da arte da Igreja».

7   Sobre a união entre beleza, verdade e bondade, ela volta posteriormente na *Messaggio* que dirige a Mons. Ravasi em 25 de novembro de 2008. Sobre a beleza no âmbito litúrgico fala, sobretudo, nos números 35 e 41 da exortação apostólica *Sacramentum caritatis*.

esta sintonia entre o percurso de fé e o itinerário artístico, confirma-a um número incalculável de obras de arte que têm como protagonistas as personagens, as histórias, os símbolos daquele imenso depósito de "figuras" — em sentido lato — que é a Bíblia, a Sagrada Escritura. As grandes narrações bíblicas, os temas, as imagens, as parábolas inspiraram numerosas obras-primas em todos os setores das artes, assim como falaram ao coração de cada geração de crentes mediante as obras do artesanato e da arte local, não menos eloquentes e envolvedoras. Fala-se, a este propósito, de uma *via pulchritudinis*, um caminho da beleza que constitui ao mesmo tempo um percurso artístico, estético, e um itinerário de fé, de busca teológica. O teólogo Hans Urs von Balthasar começa a sua grande obra intitulada *Glória: uma estética teológica* com estas sugestivas expressões: "A nossa palavra inicial chama-se beleza. A beleza é a última palavra que o intelecto pensante pode ousar pronunciar, porque ela mais não faz do que coroar, como auréola de esplendor inapreensível, o dúplice astro do verdadeiro e do bem e a sua indissolúvel relação"[8]. (...) Portanto, o caminho da beleza conduz-nos a colher o Tudo no fragmento, o Infinito no finito, Deus na história da humanidade». Desta maneira, sentenciaria na homilia de sua visita ao templo de Gaudí, a *Sagrada Família* de Barcelona: «A beleza é a grande necessidade do homem».

Nesta mesma linha movem-se diversas intervenções do Sínodo dos bispos de 2009, dado sob o título *A palavra de Deus na vida e a missão da Igreja*. Colocou-se ali em evidência o valor perene de um «testemunho da beleza» para anunciar o Evangelho, sublinhando a importância de saber ler e examinar a beleza nas obras de arte inspiradas pela fé e promovidas pelos fiéis, para nelas descobrir um itinerário singular que aproxima de Deus e de sua Palavra.

O Papa Francisco, por sua vez, não só continuou esse mesmo caminho mas, como revela a exortação apostólica *Evangelii gaudium*, convida-nos a percorrê-lo com grande convicção e

---

8   H. U. Von Balthasar, *Gloria. Una estética teológica*. Ediciones Encuentro, Madri, 1985, p. 22.

profunda alegria. Por exemplo: «É bom que toda catequese dê especial atenção ao "caminho da beleza" (*via pulchritudinis*). Anunciar a Cristo significa mostrar que crer nEle e segui-lO não é apenas algo verdadeiro e justo, mas é também belo, capaz de preencher a vida de um novo resplendor e de um gozo profundo, ainda que em meio às provações. Nesta linha, todas as expressões da verdadeira beleza podem ser reconhecidas como um percurso que favorece o encontro com o Senhor Jesus. Não se trata de fomentar um relativismo estético, que possa obscurecer o vínculo inseparável entre verdade, bondade e beleza, mas de recuperar a apreciação da beleza para poder chegar ao coração humano e fazer resplandecer nele a verdade e a bondade do Ressuscitado. Se, como diz Santo Agostinho, não amamos senão o que é belo, o Filho de Deus feito homem, revelação da infinita beleza, é imensamente amável e nos atrai a si com laços de amor. Torna-se necessário, então, que a formação na *via pulchritudinis* esteja inserida na transmissão da fé»[9].

Por fim, é necessário mencionar o documento do Pontifício Conselho para a Cultura intitulado *A «via pulchritudinis»*, caminho de evangelização e de diálogo, em que são investigadas as três principais linhas de diálogo que desenvolveremos na segunda parte do livro: a beleza da criação, a das artes e a de Cristo (modelo de santidade).

Nosso objetivo, por fim, não é falar da beleza em geral, nem das belas artes em particular, tampouco da arte sacra. O que pretendemos é compreender por que e em que medida a beleza pode nos conduzir a Deus.

Uma explicação possível: a atual dispersão dos transcendentais

Depois de contextualizar as palavras o Papa emérito, passemos a dar-lhes uma explicação possível: por que a beleza é, atualmente, caminho de evangelização e defesa da fé?

---

9 Papa Francisco, *Evangelii gaudium*, n. 167.

Logicamente, na base dessa afirmação Bento XVI pensa em Deus, no próprio Deus como Beleza. Ele é a Beleza infinita e absoluta. Também é a Bondade: «"Bom Mestre, que farei para alcançar a vida eterna?" Jesus disse-lhe: "Por que me chamas bom? Só Deus é bom"» (Mc 10, 17-18); a Verdade: «Disse-lhe Tomé: "Senhor, não sabemos para onde vais. Como podemos conhecer o caminho?" Jesus lhe respondeu: "Eu sou o caminho, a verdade e a vida; ninguém vem ao Pai senão por mim"» (Jo 14, 15-16); e a Unidade (na Trindade): «Eu e o Pai somos um» (Jo 10, 30). Com efeito, no fundo, Ele é o Ser; é Ele quem realmente é: «Eu sou aquele que sou» (Ex 3, 14), responde a Moisés quando este pergunta o seu nome. E tudo o que é, o é por Ele, pelo simples fato de ser, e também goza de certa unidade, verdade e bondade, bem como de certa beleza (logo veremos que em diferente medida e intensidade, é claro). Em outras palavras, toda beleza, assim como toda verdade, todo bem e toda unidade — todo ser! —, fala de Deus. Eis por que todas as belezas deste mundo são e sempre serão apenas um pálido reflexo dEle, fonte e origem de toda a beleza[10].

Podemos considerar, portanto, a beleza, a bondade, a verdade e a unidade como transcendentais do ser, isto é, como atributos ou propriedades que todo ser tem pelo simples fato de existir[11]. Isso é algo que já poderíamos intuir ao perceber como a beleza nos remete a algo que nos supera e pelo qual ansiamos, sem nunca possuí-lo de todo: o belo *transcende* sempre — como dizíamos — a realidade que manifesta.

Historicamente, a estética tomista surge da intenção de conhecer o fundamento de toda a realidade (Deus), o ser e suas

---

10 O bom, o belo e o verdadeiro estão unidos no ser; no caso do homem, porém, ao intervir a liberdade, não necessariamente permanecem unidos em seu agir. Usando mal a liberdade, o homem pode fazer o mal, desunir, falsear e criar coisas feias, agir terrivelmente. A estética transcendente nos resolve a seguinte pergunta: por que se cultivam o mal e a mentira? Cultivam-se porque são; quer dizer, não têm mais beleza («a mínima beleza») além da que lhes confere o fato de ser.

11 Concretamente, São Tomás de Aquino identificou os seguintes transcendentais do ser: *aliquid, bonum, res, unum* e *verum*. A beleza, considerada parte do bem, não foi expressamente tratada pelo teólogo como um transcendental. Foram os seus seguidores, os estudiosos da filosofia tomista, que ao longo dos séculos debateram se podiam ou não falar dela desta maneira. E. Gilson refere-se a ela, portanto, como o transcendental esquecido. Cf. E. Gilson, *Elementos de la filosofia cristiana*. Rialp, Madri, 1969, p. 200.

propriedades (os transcendentais). Deste modo, cada transcendental, sem acrescentar nada extrínseco ao ser, mostra-o a nós sob um aspecto determinado: por exemplo, enquanto cognoscível — por sua adaptação a uma inteligência —, o consideramos verdadeiro. Em relação com o apetite (desejável), chamamo-lo bom. E como, ao serem conhecidas, a verdade e a bondade causam certa satisfação, os clássicos nomearam a esse aspecto beleza, ou seja, o ser enquanto atraente. É por isso que, na tradição platônica, a beleza figura como o resplendor da verdade e a força do bem, sobretudo quando ambos se combinam. Na tradição aristotélica, ela é nomeada a manifestação majestosa ou boa da verdade[12]. Por conseguinte, podemos afirmar que a beleza surge da união dos transcendentais[13].

Desta maneira, e uma vez situada junto a outros transcendentais, retomamos a nossa pergunta, reformulando-a: por que, hoje, a beleza — e não o bem, a verdade ou a unidade — é um caminho privilegiado para se chegar a Deus? Noutras palavras, por que Bento XVI não aposta em uma «via unitatis», «veritatis» etc.? Busquemos essas razões dentro e fora da Igreja.

Do lado de dentro, G. Thibon explica que «uma das grandes fraquezas do cristianismo histórico está em ter sacrificado a estética e a moral e ter dado ênfase exclusiva à oposição entre o bem e o mal, sem levar suficientemente em conta a oposição não menos essencial entre o belo e o feio»[14]. Nos ensinamentos cristãos, e mais concretamente na educação moral, insistiu-se durante anos mais no que se podia/devia fazer, no que era

---

12 Da relação entre beleza e bem falaremos com mais detalhes na segunda parte.

13 Em concreto, o grande problema do *pulchrum* durante a reflexão do século XII e XIII consistia em descobrir se havia uma razão própria de ser que o distinguisse da verdade e do bem ou se, ao contrário, seu resplendor vinha da união de todos os transcendentais. O único texto do século XIII que sustenta de modo explícito que se trata de um transcendental distinto da verdade e do bem é um tratado anônimo (cf. J. A. Aertsen, *La filosofía medieval y los transcendentales: un estudio sobre Tomás de Aquino*, Eunsa, Pamplona, 2003, p. 338). Tanto em alguns autores de então quanto nos atuais, não existe unanimidade de opiniões. São Tomás, por exemplo, nunca afirmou explicitamente que a beleza fosse um transcendental do ser e, no entanto, seus seguidores H. U. von Balthasar e E. de Bruyne julgaram que ela deveria ser acrescentada entre os demais; o mesmo com Maritain, ainda que ele também a tenha considerado «o esplendor de todos os transcendentais reunidos». J. Maritain, *Arte y escolástica*, Ediciones Desclée de Brower, Buenos Aires, 1945, p. 177, nota 66.

14 G. Thibon, *op. cit.*, p. 113.

Algo mais que uma intuição

ou não era pecado, do que em desmascarar a feiura do mal e expor as virtudes em toda a sua beleza[15]. A obrigação, é claro, faz parte da natureza do bem, mas essa é apenas uma parte; a outra consiste em perceber a sua satisfação. O homem se torna realmente feliz quando se dá conta do quão bonito é o bem. Como reza o primeiro salmo: «Feliz aquele que se compraz no serviço do Senhor».

Continua Thibon:

> Os caracteres mais nobres têm uma concepção estética da moral; o bem é para eles objeto de contemplação, e não de ação: trata-se de uma ação que se pode contemplar. Quanto ao mal, evitam-no não tanto pelo prejuízo que lhes possa causar, mas porque a sua feiura é intolerável. A virtude corrente e comum tem algo de utilitário: busca fazer o bem em prol de uma recompensa e foge do mal para não sofrer um castigo. Quando a virtude é mais elevada, não se preocupa tanto com a punição: o bem exerce sobre ela a mesma atração irresistível que uma *boa pintura* ou um *bom poema*; e o mal, a mesma repulsa que um quadro de péssima qualidade ou uns versos medíocres. Há algum tempo quis expressar esta mesma ideia afirmando que a distinção entre o nobre e o vulgar (que se assemelha à distinção entre o belo e o feio, e na qual a nobreza se concebe como o *desinteresse na ação*) me parecia ainda mais importante do que a distinção entre o bom e o mau[16].

Junto a isso, mas olhando para «fora», J. Ratzinger destaca claramente que o maior perigo para a fé é hoje o relativismo, uma verdadeira «ditadura» que, dia após dia, trata de diminuir a verdade, o bem, a unidade e a própria beleza[17]. Aos olhos dos relativistas, a verdade e o bem se formam de acordo com as circunstâncias, os estados de ânimo, as culturas, a lei em vigor, a formação recebida etc. Apartados da realidade — do que as coisas são —, ficam à deriva, sem norte e sem rumo, à mercê das

---

15 Uma posição radical desta mentalidade é a que reflete, por exemplo, esta passagem de F. Scott Fitzgerald em *Os belos e malditos*, de 1922: Gloria e Anthony acabaram de se casar e saem em lua de mel. Chegam tarde ao Hotel Lacfadio, em Santa Bárbara, e o porteiro noturno se nega a abrir a porta para eles, alegando que é impossível eles estarem casados. «O porteiro achou Gloria magnífica. Não acreditava que algo tão belo poderia ser moral» (F. Scott Fitzgerald, *The beautiful and damned*, Scribner, 2013).

16 G. Thibon, op. cit, pp. 114-115.

17 Cf. J. M. Barrio, *La gran dictadura. Anatomía del relativismo*. Rialp, Madri, 2011.

inúmeras ondas capazes de afundá-los ou de encher pontualmente o seu conteúdo, segundo as circunstâncias do momento. Para eles, não existem bens e verdades objetivas, absolutas, «para sempre».

A *verdade*, assim, reduz-se quase ao útil, ao que pode ser cientificamente mensurado ou comprovado[18]. Em grande parte, fica reduzida à verdade científica, medida unicamente por sua eficácia prática, desligada da bondade e da beleza. Por sua vez, o *bem* também perde força de atração, equiparando-se ao que faz a maioria (à *práxis* socialmente estabelecida), ao preceito externo (por exemplo, o que a lei diz que é «bom») ou às consequências e circunstâncias da ação.

Basta pensarmos, por exemplo, na verdade e no bem que a cada dia nos oferecem as novas tecnologias: o que dizer quando as pessoas podem apresentar-se nas redes sociais com outra identidade e baixar ilegalmente quase qualquer tipo de vídeo e música; quando o Photoshop faz milagres com as imagens; quando qualquer um pode acessar a Wikipedia e mudar a definição de um conceito, de um acontecimento histórico, de uma pessoa etc.?

O relativismo também deteriorou a *unidade*. Percebemos cada vez mais um homem e uma realidade fragmentadas, individualistas. A unidade sofre embates em diversos níveis e de formas muito variadas: famílias desfeitas, contratos rompidos, infidelidades diversas, traições encobertas, enganos, mentiras... Isso para não falar da perda da visão unitária do saber, fruto da modernidade: são tantas as análises que perdemos a capacidade de captar a totalidade, a «visão de conjunto». Assim, por exemplo, sabemos muito mais sobre o câncer do que há trinta anos, mas, a cada ano, desconhecemos cada vez mais o homem.

Nesse sentido, G. Thibon diferenciava sutilmente os termos «unidade» e «união». A «união» é sempre mais ou menos exterior, seus laços sempre frágeis podem se quebrar ou transformar-se em correntes, é imperfeita e imparcial; por outro lado, a «unidade» é algo interno, alcança o fundo eterno dos seres e seu coração, dominando assim as vicissitudes das necessidades

---

18 Cf. H. U. von Balthasar, *Gloria 1, Parte I*, pp. 22-23.

Algo mais que uma intuição

e as paixões[19]. Hoje em dia vemos predominar as uniões, o estar junto externamente, as formalidades, ao passo que encontrar unidade no próprio eu, no matrimônio, nas famílias, no trabalho, nos diálogos, nas amizades etc. faz-se cada vez mais difícil. Por vezes sequer a encontramos em nosso time de futebol, mesmo com todos vestindo a mesma camisa, defendendo as mesmas cores e cantando o mesmo hino.

Voltando ao nosso tema, à beleza. Inicialmente, devemos reconhecer que tampouco ela passou imune. Sofreu também com os embates relativistas (o «cada um tem o seu gosto» ou, como sentenciavam os romanos, «*de gustibus non est disputandum*»: «gosto não se discute»), ficando muito ligada à sensibilidade, ao julgamento dos sentidos, à mera espontaneidade[20]. Em um mundo altamente influenciado pelos meios de comunicação em massa, pela moda e pela publicidade, a beleza já não tem o caráter de expressão visível de uma postura interior invisível. Para muitos, já não se trata do esplendor da verdade e do bem, mas de uma realidade autônoma, desligada da realidade. O «bom, belo e verdadeiro» deu lugar ao «bonito, rico e famoso». O que temos agora é a «arte pela arte», ou seja, uma beleza sem fundamento[21]. Em muitos casos, a liberdade subjetiva é a única que decide o que é belo e o que é arte. Na sentença lapidar de Schwiter: «Tudo o que um artista cospe é arte»; ou na de Andy Warhol: «Eu assino tudo, notas de banco, bilhetes de metrô, e até um bebê nascido em Nova York. Escrevo em cima Andy Warhol para que se transforme em obra de arte».

Voltaremos depois a essa «subjetividade» que a modernidade engendrou. No entanto, apesar de tudo o que foi dito — e é o que

---

19 Cf. G. Thibon, *op. cit.*, pp. 90-91.

20 Para as ideias de beleza aqui reunidas, utilizamos o artigo de A. Ruiz Retegui, «Diagnóstico para el tercer milenio», pp. 37-56, em especial as pp. 43-44, em José Andrés-Gallego (ed.), *Relativismo y convivencia, Paradigma cultural de nuestro tiempo*, Universidade Católica San Antonio-AEDOS, Múrcia, 2006.

21 Em entrevista feita por Carmen Giussani com o padre Marko Rupnik, ele afirmou: «A beleza, na minha opinião, se perdeu quando caiu nas mãos da filosofia moderna e, depois, no idealismo e romantismo individualista, acabando, por fim, na estética» (M. Rupnik, «La gran necessidad del hombre», em *Huellas*, julho-agosto, 2011, p. 50). A obra de Martha Nussbaum surge exatamente como reação à separação entre expressão artística e verdade.

nos interessa destacar agora —, parece-nos que a beleza é, continua sendo e sempre será a menos prejudicada entre os quatro transcendentais; a beleza é sempre mais difícil de derrotar.

Assim também pensava o escritor A. Soljenítsin: «O mundo moderno, ao colocar o seu ponto de mira na grande árvore do ser, extirpou os galhos da verdade e da bondade. Sobra apenas o galho da beleza, e será esse galho que, agora, deverá assumir toda a força da linfa e do tronco». Talvez o homem recupere, por meio dela, o fundamento dos demais transcendentais. P. A. Urbina sutilmente acrescentou: «É que a verdade, quando fala de si mesma, é muito árida para algumas pessoas, e elas não a compreendem. É que o bem, quando fala de si mesmo, é muito exigente, e se mostra tão difícil o seu caminho...»[22]. Por isso sempre restará a beleza, que, à sua maneira, nos falará da verdade e nos mostrará o bem.

Eis por que von Balthasar a considerou a primeira palavra a ser levada em consideração. Com efeito, Deus não veio e vem, em primeiro lugar, como mestre («verdade») ou redentor («bondade»), mas para nos mostrar a glória de seu amor trinitário, ou seja, esse desinteresse que pertence a todo amor verdadeiro e que é comum à verdadeira beleza. Deus se nos apresenta assim antes de qualquer coisa: como um amor que se entrega até a morte por solidariedade ao homem. Trata-se de um amor que é bom e verdadeiro, e quem o experimenta percebe, portanto, alegria e satisfação. De sua inocência absoluta, Deus nos revela a beleza da entrega[23].

Todavia, como o mundo tem por finalidade a glória de Deus, esta não é a apenas a primeira palavra, mas também a última

---

22 P. A. Urbina, *Filocalía o Amor a la Belleza*. Rialp, Madri, 1988, p. 17.

23 Cf. H. U. von Balthasar, *Gloria 1, Parte I*, p. 47; e *Gloria 3, Parte II. Formas de estilo. Estilos laicales*. Ediciones Encuentro, Madri, 1986, p. 39. Daí a estrutura de sua grande trilogia teológica, em cuja Primeira Parte (a «Estética») Deus aparece, manifesta-se com glória, magnificência, luminosidade e, consequentemente, beleza. Deus se revela para entregar-se ao homem e estabelecer com ele uma aliança pelo bem. Esse combate é analisado na Segunda Parte, denominada «Teodrama». Ao mesmo tempo, esse Deus que se revela é Palavra eterna e pode fazer-se compreensível ao homem, no que é uma resposta ao chamado divino e tem, por isso, caráter «verbal». Este é o tema trabalhado na Terceira Parte, ou «Teo-lógica». Sua intuição foi confirmada, entre outros autores, por E. Gilson, J. Maritain, A. Lobato, T. Melendo Granados etc.

Algo mais que uma intuição

(e a essa ideia voltaremos repetidas vezes). O cristianismo sempre começará e voltará, uma e muitas vezes, a este ponto de partida: a beleza da revelação. Assim, compreender a fé, formar-se, não será outra coisa senão penetrar, pouco a pouco, o mistério de tal beleza, isto é, realizar e sentir belamente o que em alguns momentos se faz «porque se deve fazer» maquinalmente. Com efeito, até que vejamos a verdade e o bem como o que são — belos, realmente belos —, os consideraremos intrusos, «estranhos», alheios e, portanto, algo que nunca chega a pertencer-nos; não estaremos, em suma, de todo formados (neste sentido, a formação não acaba nunca na terra). Nós os desejamos, sim, mas pela via da obediência e da conveniência racional, e não pela do coração livre que se associa e se identifica plenamente com o belo.

O que disse o Papa emérito nos leva, portanto, a concluir e a pensar que hoje em dia, a exemplo daqueles gregos de dois mil anos atrás que se aproximaram de Filipe, as pessoas não buscam tanto na fé explicações ou raciocínios perfeitos, e sim a sua beleza, ver a Jesus (cf. Jo 12, 21) — isto é, vê-lo como é na realidade: Belo. Desta maneira, sua beleza dará início ao amor e ao desejo de conhecê-lO ainda mais. Não é por acaso que Platão, no *Banquete*, afirma que *Eros* (o amor) nasce quando os deuses estão celebrando o nascimento de Afrodite, a beleza...

Assim, em meio a uma cultura na qual a imagem tem um protagonismo cada vez maior, e na qual os grandes templos recebem cada vez mais turistas do que fiéis, que entram neles não tanto para rezar, mas para admirar a sua arquitetura, seus quadros e esculturas, Bento XVI nos anima a amar a verdade e o bem com todas as consequências porque são belos (e também é muito significativo, nesta mesma linha, que São João Paulo II intitulasse *Veritatis splendor* a sua encíclica moral), ainda que nesta terra nos pareçam, em alguns momentos, custosos.

No fim não se trata, obviamente, de abandonar a *via veritatis*, mas de ampliar o horizonte, de sermos capazes de assumir o difícil objetivo de mostrar a suprema harmonia entre o bem e a verdade. Como diz o *Catecismo*, «a prática do bem é acompanhada de um prazer espiritual gratuito e da beleza moral. Do mesmo modo, a verdade comporta a alegria e o esplendor da beleza espiritual»[24].

A sua força: entusiasmo ou catarse

Nossa explicação ficaria incompleta se não retomássemos algo que se disse na introdução — sem nos referirmos à força da beleza. A ela refere-se o pintor Georges Braque quando afirma que «a arte é feita para inquietar, enquanto a ciência tranquiliza».

Com efeito, se o verdadeiro e o bom, ou mesmo a unidade, também podem nos conduzir a Deus, «o belo diz mais que o verdadeiro e o bom. Dizer que um ser é belo não é só reconhecer uma inteligibilidade que o torna amável; significa também que, ao especificar o nosso conhecimento, nos atrai; além disso, arrebata-nos por meio de uma irradiação que desperta o assombro. Se o belo exerce certo poder de atração, expressa com ainda mais vigor a própria realidade na perfeição de sua forma, da qual é epifania. O belo a manifesta expressando o seu brilho interior. Se o bem revela o desejável, o belo revela ainda mais esplendor e a luz de uma perfeição que se manifesta»[25]. A beleza, portanto, tem mais força.

Por isso, e ainda que os outros transcendentais não fossem tão «tocados», a beleza continuaria a ter lugar privilegiado no encontro com Deus. Ademais, devido à estreita relação entre eles, num mundo sem beleza também o bem, a verdade e a unidade perderiam a própria força, ao que o homem acabaria por se perguntar por que não preferir e deixar-se levar pelo mal. Quem deseja viver uma vida conforme a beleza — diz Romano Guardini — não deve buscar nada que não seja bom e verdadeiro[26].

A Igreja precisa de beleza, de muita beleza; assim parecerá mais evidente a bondade que ela professa. Isso faz com que o

---

24 *Catecismo da Igreja Católica*, n. 2.500.

25 Pontifício Conselho para a Cultura, *A «via pulchritudinis», caminho de evangelização e de diálogo,* Assembleia plenária, 2004, Documento final.

26 Cf. R. Guardini, *El espíritu de la liturgia*. Araluce, Barcelona, 1933, pp. 172-173. Por isso se afirma que a beleza é um transcendental derivado, ou seja, dependente dos outros três, ao passo que a verdade, o bem e a unidade têm a própria grandeza.

cristianismo seja a religião com maior desenvolvimento artístico e apreço pelo belo. A fé cristã, como reconheceremos em diversos momentos ao longo destas páginas, soube encarnar-se magistralmente na matéria ao longo da história (em imagens, em sons, na literatura etc.), apesar do aparente enfraquecimento da produção de arte sacra e de muitos artistas estarem afastados da fé em nossos dias.

Platão se refere ao efeito desta força quando emprega o termo «entusiasmo», o mesmo que Aristóteles denominará «catarse». No diálogo *Fedro*, descreve esse «entusiasmo» como a sensação de estarmos fora de nós mesmos, possuídos por algo que nos ultrapassa, que nos excede. Trata-se de um estado de alma no qual se misturam o gozo da descoberta e certo temor reverencial de perder aquilo que se contempla. Platão esclarece que não é o mesmo que a fascinação (a versão enganosa, sofista, do entusiasmo), um descobrimento superficial cuja intensidade é tão fugaz quanto paralisante[27]. O entusiasmo, por sua vez, tem a capacidade de transformar o curso da vida, afeta o mais profundo da alma, é perene. Nele pode-se falar propriamente de uma aparição, revelação ou manifestação, enquanto tudo isso, na fascinação, é apenas aparência.

Por conseguinte, o belo tem a capacidade de nos fazer sair de nós mesmos, da comodidade, do cotidiano; desperta-nos e nos anima, abre os olhos de nosso coração e da mente, enche-nos de esperança. A beleza nos impulsiona ao alto, estremece. Quando nos atinge, lembra-nos e nos faz desejar o nosso verdadeiro destino, recorda-nos que fomos feitos por ela e a ela estamos destinados[28]. Vemo-nos diante de uma forma de conhecimento diferente da mera dedução racional, e por isso dediquei estas linhas «a todos a quem um Deus racional parece pouco e que anseiam a cada dia por ver seu (belo) rosto». Compreende-se assim que o próprio Beethoven, de maneira um tanto poética, justificasse a sua música desta forma: «Estou abrindo a música

---

27 Os sofistas foram os criadores do primeiro hedonismo estético, separando o belo do bom e identificando a beleza com o mero prazer físico.

28 Cf. Bento XVI, *Discurso aos artistas*, Capela Sistina, 21 de novembro de 2009.

para o terrível, para o visceral. De que outra maneira se pode chegar ao divino se não pelas entranhas dos homens? É aqui. Aqui vive Deus. Não na cabeça, tampouco na alma — mas nas entranhas! Porque é aqui que as pessoas sentem!»[29].

Nessa mesma linha, em sua *Poética* Aristóteles descrevia a «catarse» como uma descarga emocional, algo que liberta impulsos e resolve tensões, que nos dispõe à ação e anuncia essa capacidade de transformação do curso da vida. Voltaremos a ela mais adiante; por ora basta vê-la exemplificada na seguinte confissão de Joseph Ratzinger: «Tenho uma experiência inesquecível de um concerto de Bach regido por Leonard Bernstein em Munique, depois do desaparecimento precoce de Karl Richter. Estava sentado junto do bispo luterano Hanselmann. Quando a última nota de uma das grandes *Thomas-Kantor-Kantaten* se extinguiu, triunfal, olhamo-nos com naturalidade, e com a mesma espontaneidade dissemos: "Quem tiver escutado isso sabe que a fé é verdadeira". Naquela música era possível captar uma força assaz extraordinária de realidade, até que enfim se percebia — e não por meio de deduções, mas pelo grito do coração — que aquilo não poderia ter nascido do nada, que só poderia nascer graças à força da verdade que se renova na inspiração do compositor»[30].

---

29 A citação faz parte do mesmo *Copying Beethoven*.

30 J. Ratzinger, «O sentimento das coisas, a contemplação da beleza», p. 18. Ele repete a mesma ideia, já como Papa, na audiência de 31 de agosto de 2011.

Encontrar a beleza

Características da beleza: a plenitude da forma

Para oferecer uma explicação possível às palavras de Joseph Ratzinger que deram início a nossas reflexões, passamos a abordar o primeiro grande desafio destas páginas: tentar descobrir a beleza — tarefa que, como já se disse, não será nada simples.

Do mesmo modo como acontece com toda palavra grandiosa — amor, ser, verdade, liberdade, bem etc. —, compreender a beleza não é fácil. É mais fácil senti-la do que descrevê-la. Já dizia o escritor Dostoiévski, fazendo eco a Platão: «Difícil é julgar a beleza; ainda não sou capaz disso. A beleza é um enigma»[1]. E, ao longo dos séculos, as distintas opiniões dos muitos autores, filósofos ou artistas não fazem outra coisa senão confirmar essas palavras. Talvez também resida aí, em parte e paradoxalmente, o mistério do tema, a sua «beleza»[2].

---

[1] F. Dostoiévski, *El idiota*, Alianza Editorial, Madri, 2001, p. 118.

[2] Para Sócrates, por exemplo, a beleza consistia na adequação de algo à sua finalidade; para São Tomás, «*pulchra sunt quae visa placent*»; para Hegel, «a manifestação sensível da ideia»; para Heidegger, «a forma pletórica da expressão»; para Hume ela não pode ser definida, já que «se reconhece apenas por um gosto ou sensação»; para Schelling, trata-se da «manifestação do infinito no finito» etc. Não pretendemos, com essa diversidade de

Já vimos que este é um termo analógico, ou seja, que ostenta diferentes sentidos segundo a realidade à qual se aplica. Além disso, é inegável que tenha um forte componente subjetivo (o qual, como logo veremos, dependerá sobretudo das disposições e formações do sujeito). Todavia, há também características que podem ser estabelecidas objetivamente. Basta percebermos que o belo se anuncia sobretudo pelo ouvido e pela visão, as potências cognoscitivas mais «objetivantes», isto é, aquelas que não só causam sensações, mas nos apresentam o objeto como algo consistente em si mesmo[3]. Por isso diz-se da música que é «a arte mais incompreensível, pois é a arte mais imediata»[4]. É «imediata» no sentido de que, por sua força expressiva, praticamente não precisamos do bem e da verdade para que gostemos dela; esse gosto surge quase que independentemente de seu conteúdo (por exemplo, alguém pode gostar de certas canções em inglês sem conhecer o idioma).

Por isso, entre as diversas posturas e perspectivas sobre a beleza, entre as distintas tentativas de defini-la ao longo da história, tomaremos como ponto de partida a seguinte afirmação: consideraremos belo, em sentido pleno, aquilo que goza de toda a perfeição exigida por sua natureza. Trata-se de algo que, segundo São Tomás de Aquino, poderemos apreciar sobretudo por meio de três características ou condições (às duas primeiras já se referira Aristóteles) que, obviamente, nutrem relação estreita com os transcendentais mencionados. Elas não especificam exclusivamente a beleza, nem são compreendidas pelo Aquinate em sentido unívoco; porém, sem elas estaríamos buscando algo às apalpadelas, sem saber onde encontrá-lo.

---

definições, corroborar o individualismo e o relativismo dominantes em tantos ambientes após o advento da modernidade. O leitor há de comprovar que a verdadeira beleza não pode prescindir de certa base objetiva.

3   Cf. A. Ruiz Retegui, *Pulchrum. Reflexiones sobre la belleza desde la antropologia cristiana*, Rialp, Madri, 1998, p. 11. Para os gregos, o conceito do belo está dividido em duas perspectivas: a dos defensores da simetria, que fazia referência à beleza absoluta, e a dos defensores da euritmia, que se referia à beleza dos olhos e ouvidos. Cf. W. Tatarkiewicz, *Historia de seis ideas. Arte, belleza, forma, creatividad, mímesis, experiencia estetica*, Tecnos, Madri, 2001, pp. 121-122.

4   H. U. von Balthasar, *Lo sviluppo dell'idea musicale*, Glossa, Milão, 1995, p. 13.

Com essas características, pois, o belo teria relação com *a perfeição do ente que resplandece pela ordem e encanta pela apreensão.* Vejamos todas detalhadamente[5].

Para que exista beleza, deve existir, em primeiro lugar, *integridade* ou *perfeição.* Essa primeira característica admite duplo sentido. De início, diz-nos que ao belo nada falta ou sobra. Está perfeitamente terminado, acabado; por isso, o inacabado ou deteriorado é feio. Ao mesmo tempo, a perfeição também pode se referir à finalidade, no sentido de que algo é considerado perfeito quando alcança ou tende a seu fim. Eis por que também podemos falar, aqui, do chamado de Deus a todas as coisas para Si, por meio do qual as conduz à sua perfeição ou fim último — fim que rege e conduz todos os movimentos. Por conseguinte, nesta característica contemplamos mais facilmente o bem ou, mais concretamente, a Deus como Bem Supremo, por ser justamente Ele o fim derradeiro, o sumo perfeito.

Em segundo lugar, fala-se na devida harmonia ou proporção, a qual também admite duas interpretações. De um lado, todo belo tem uma ordem e uma harmonia interiores, ou seja, suas partes estão bem-dispostas em relação umas às outras; de outro, cada uma delas guarda também certa *harmonia* ou *proporção* em relação ao todo. A beleza é como a apresentação da unidade total nas partes do fragmento, convenientemente dispostas entre si e conectadas em sua distinção com as demais (unidade na diversidade). É essa harmonia que surge quando o todo se faz presente na parte. Por isso alguns destacam como única propriedade essencial da beleza a «unidade na variedade»[6]. E também por isso podemos falar, aqui, em termos de propor-

---

5   Antes mesmo de São Tomás, Alexandre de Hales (1185-1245) determinava essas outras características: a medida, o aspecto e a ordem adequados. E São Boaventura (1217--1274), discípulo de Alexandre, mencionou o deleite e a proporção (que não existe sem número).

6   Plotino se negava a pensar a beleza em termos de ordem e harmonia entre as partes. Sua ideia de beleza é sobretudo a unidade, a simplicidade, a luminosidade. Quanto maior a unidade de uma realidade, mais elevada estará na ordem do ser e maior será a sua simplicidade. A beleza enquanto tal abarca, pois, a pura simplicidade, o esplendor, a luz, a transparência que supera toda forma, toda diferença, toda multiplicidade. A Beleza está no *Nous*, a Inteligência, um universo de luz no qual cada ideia é esplendor sem medida.

ção ou harmonia em relação a Deus. Quanto mais a criatura se «harmoniza» com Deus, tanto mais bela será.

Nesta segunda característica contemplamos mais facilmente a unidade — a unidade como fim da proporção, já que Deus é uno e trino, a unidade na trindade *«neque confundentes personas neque subantia separantes»*. Há em Deus uma infinita riqueza de perfeições; toda a variedade de perfeições do mundo jaz plenamente nEle e se encontra em máxima unidade, identificando-se com sua essência, que é o Ser. Por conseguinte, Deus é a suma harmonia e, portanto, a suma Beleza.

Em terceiro e último lugar encontra-se a claridade, o esplendor ou a luminosidade. Essa característica se relaciona com a tradição neoplatônica medieval, na qual a luz era considerada símbolo da beleza e verdade divinas (aspecto que desenvolveremos na terceira parte deste livro). A *claritas* não é só mais um atributo. Além disso, a partir da perspectiva do sujeito, só podemos falar em beleza quando, na realidade contemplada (a natureza, as coisas, determinada ação ou pessoa), for percebido com encanto certo brilho, sinal de plenitude e acerto interior. Algo refulgente irrompe quando um ser chega a ser como deve ser. Com ela, Deus se nos manifesta como verdade que brilha, que atrai, que irradia.

A razão própria do belo seria então descrita por esses três traços objetivos. Não há beleza apenas com um ou dois deles; são necessários os três. Desta maneira, a beleza figura como verdadeira manifestação da plenitude do ser, da forma. Eis por que é difícil distinguir o belo das outras propriedades do ser: ele é como o ápice da manifestação do ser em toda a sua perfeição.

Estes três atributos — dizíamos — dão lugar à forma[7]. Um ente é belo se a sua forma é bela. Em latim, *formosus* significa o belo, formoso. Refiro-me à forma, aqui, não só em sentido material (como quando observamos um círculo e, ao sermos questionados sobre a sua forma, respondemos que é redonda), mas no sentido do que faz com que ele seja o que é — uma forma com «fundo»,

---

7   Sobre os diversos significados de *forma* ao longo da história, cf. W. T. Tatarkiewicz, *op. cit.*, pp. 253-278.

pode-se dizer. É por isso, como veremos na segunda parte, que a beleza humana não depende somente da forma do corpo, limite da matéria, mas inclui também a graça de Deus, a sabedoria, as virtudes etc., que não são materiais. Nela cabem tanto a matéria quanto o espírito. A plenitude da forma é Deus.

Por fim, estas três características nos revelam que o belo, sendo difícil, não é algo que dependa inicialmente do que cada um aprecie ou do que qualquer um considere belo em momento determinado. Acima de tudo, a verdadeira beleza está inscrita nas coisas, sua forma resplandece como esplendor da plenitude do ser, da forma divina.

Beleza objetiva ou subjetiva: pode haver beleza sem gosto?

Depois de tratar das três características que nos permitem objetivar a beleza e de introduzir o conceito de forma, e sempre tratando de aprofundar mais e mais esse conceito tão difícil, voltamos ao mesmo Platão, que, ao questionar o que é a beleza no *Hípias maior*, colocou na boca de Hípias e Sócrates um debate: seria a «beleza objetiva ou subjetiva?»[8].

A postura de Hípias é mais relativista, «subjetivista», «nominalista» e «empirista», pois responde dizendo que as coisas *são belas para ele*. Por exemplo: uma mulher formosa, o ouro... O belo é o que agrada, o que convém, o útil, o vantajoso... Enfim, é algo do qual se gosta. Por outro lado, Sócrates crê que exista uma beleza em si, em sentido absoluto, independente do gosto. Sua postura seria, dessa forma, «racionalista», «objetivista».

Platão situa, pois, a definição do belo na ordem objetiva, ontológica, do ser. Mesmo que a contemplação do belo traga sempre satisfação, a beleza se produz não por ele, mas por essas características que fazem com que sua contemplação nos

---

8   Na Antiguidade era predominante a concepção objetivista do belo (por exemplo, em Platão e Aristóteles). Kant foi o primeiro a dizer «não» ao objetivismo, ainda que exigisse um valor universal necessário aos juízos estéticos. Ele concebe a beleza como fusão, como síntese do sujeito e do objeto. Os estetas mais modernos dão mais ênfase ao subjetivismo; sobre isso, porém, falaremos na segunda parte.

seja agradável. Eis por que algo pode ser belo em si, mas não nos agradar.

Santo Agostinho retoma o mesmo debate ao propor-se a seguinte pergunta: «As coisas são bonitas porque gostamos delas ou, ao contrário, gostamos delas porque são bonitas?»[9]. E a maioria dos autores clássicos destaca, coincidentemente, que o gosto não é a razão determinante da beleza, mas a sua consequência. As coisas seguirão sendo boas ou belas ainda que existam homens incapazes de desejá-las ou apreciá-las.

Há ainda ao menos dois fatores que corroboram esse fundamento objetivo da beleza. Em primeiro lugar, sua «universalização» e permanência ao longo dos séculos (o que muito nos diz sobre a sua relação com o que é o homem, com sua forma). Se a história nos possibilitou a Capela Sistina, o *Quixote*, a terceira sinfonia de Brahms, a *Monalisa*, a *Ave Maria* de Schubert etc., e se todos eles sobreviveram à passagem do tempo, de modo que tanto o homem de ontem quanto o de hoje os julgam belos, isso significa que o belo sobrevive a um caráter, a uma cultura, a uma época, a uma educação — enfim, a um gosto determinado. Ninguém tem dúvidas quanto à beleza do *Quarto concerto de Branderburgo*, de Bach, ou das «Meninas», de Velázquez, ainda que não os apreciem.

Em segundo lugar, esse elemento objetivo também é corroborado pela experiência de que, diante da beleza, buscamos o seu reconhecimento ou confirmação nos demais (de fato, essa segunda realidade poderia incluir-se na primeira, a da «universalização»). Ou seja, se algo nos parece belo, logo buscamos compartilhá-lo, ouvir os outros dizerem: «Também acho». Em última análise, isso mostra que «o belo não pode ser reduzido a um simples prazer dos sentidos, o que seria negar-se a tomar consciência plena de sua universalidade, de seu valor supremo, altamente transcendente»[10].

---

9   Santo Agostinho, *De vera religione*, XXXII, 59.

10 Pontifício Conselho para a Cultura, *op. cit.*

Beleza e fé: o encontro com Deus

Exposta a objetividade do termo, retomemos nosso fio condutor: a beleza facilita a fé, ou seja, o encontro com Deus. A. López Quintás sustenta que os objetos belos funcionam não como coisas, mas como «meios de encontro»[11]. Porém, encontrar a beleza não conduz *necessariamente* ao encontro com Deus, ainda que Deus seja a Beleza. A pulcritude simplesmente *facilita* a chegada a Ele, apresenta-O a nós. Isso se dá porque tanto a beleza como a fé são, antes de mais nada, um presente do alto, um dom — e, portanto, algo imerecido, uma «surpresa», uma coisa que não violenta nem força a nossa liberdade.

É esse o sentido da expressão grega *charis*, que também significa «graça». Anteriormente, ao nos referirmos ao resplendor, à *claritas*, dissemos que não se tratava apenas de mais uma característica. Naquele momento pensávamos no que agora podemos manifestar por escrito: que essa claridade é como a graça, que, ainda que não seja vista, é o principal elemento tanto da beleza como da fé. Algo perfeito e harmônico, sem a graça, nunca será considerado belo. Um feito extraordinário, sem a graça, nunca suscitará a fé, nunca culminará num encontro pessoal com Deus. É por isso que, tanto diante do belo como diante da fé, os argumentos, as parábolas e os exemplos são sempre secundários — secundários e insuficientes. Não estamos, pois, diante de realidades a respeito das quais possamos medir ou prever o quanto falta para dizermos: «eu vejo», ou «isso é surpreendente». Já nos advertia H. G. Gadamer que «o belo na arte remete a algo que não está, de modo imediato, na visão compreensível como tal»[12], pois no fundo trata-se de algo que nos supera.

Quando Platão se aproximou de Sócrates e perguntou: «Como fazes, Sócrates, para saber o que é belo e o que é feio? Vejamos: podes me dizer o que é a beleza?», o mais sábio dos atenienses, desconcertado, ficou «mudo, sem poder oferecer uma resposta satisfatória» (*Hípias maior*).

---

11 Cf. López Quintás, *Metodología de lo suprasensible, vol. II*, Editora Nacional, Madri, 1971, p. 203.

12 H. G. Gadamer, *La actualidad de lo bello*, Paidós, Buenos Aires, 1998, pp. 84-85.

Por ser sobretudo graça, a beleza é primariamente obra do Espírito. Se certa vez disse Jesus, ao influente judeu Nicodemos, que não poderia chegar a ver o Reino de Deus sem «nascer de novo» (cf. Jo 3, 3), algo semelhante acontece com o belo. Com efeito, contemplar o belo, em última instância, não é tanto fruto do esforço humano como obra do céu. A beleza pode nos levar a Deus, mas é Deus que antes nos conduz a ela: «Porque sem mim nada podeis fazer» (Jo 15, 5). Podemos entender agora, então, por que intitulamos estas páginas como *A Deus pela beleza*, e não *Pela beleza a Deus*. Parecem dizer a mesma coisa, mas não dizem.

A beleza da Criação, a das obras de arte e a que pode emanar do *agere* (sobre as quais falaremos na segunda parte) surgem, assim, como meios. A fé não nasce a partir de um quadro ou de uma sinfonia, de uma catedral imponente, da assistência a uma cerimônia litúrgica ou do encontro com uma pessoa notável; nasce, antes, do encontro pessoal com Deus. É por isso que J. F. Sellés observa ser possível notar, «com relativa facilidade, que a beleza sensível é um caminho para Deus. No entanto, não se compreende com a mesma facilidade que a beleza divina corresponde aos sentimentos do espírito, pois tal beleza só pode ser apreendida no trato pessoal com Deus, e não pelo estudo»[13].

Por conseguinte, assim como acontece com a verdade, a particularidade da beleza não está tanto em que fazemos o possível para possuí-la, mas em que nos deixamos ser possuídos por ela. Na história *O despertar da senhorita Prim*, um dos personagens explica essa realidade, perguntando: «A senhorita já viu um adulto brincar e fingir que uma criança consegue pegá-lo? A criança tem a impressão de que foi ela quem o capturou, mas todos gostam da brincadeira e sabem exatamente o que aconteceu de verdade»[14]. Um pouco adiante, Lulu Thiberville assim o explicava à senhorita Prim, que naquele momento encontrava-se em situação semelhante à nossa: «A senhorita diz que quer encontrar a beleza, mas não será assim que a obterá, minha amiga. Não conseguirá

---

13 J. F. Sellés, *Antropología de la intimidad. Libertad, sentido único y amor personal*, Rialp, Madri, 2013, pp. 230-231, nota 102.

14 N. Sanmartín Fenollera, *O despertar da senhorita Prim*, Quadrante, São Paulo, 2016, p. 234.

Encontrar a beleza

enquanto se preocupar consigo mesma, como se tudo girasse ao seu redor. Será que não entende? É exatamente o oposto, exatamente o oposto. A senhorita não deve ser cuidada, deve ser ferida. O que tento dizer, menina, é que, enquanto não deixar que essa beleza que procura a atinja, enquanto não permitir que a quebre e a derrube, não conseguirá encontrá-la»[15].

A fé e a beleza, portanto, só podem brotar no campo da liberdade. O passo em direção ao fundamento da beleza, a Deus, é sempre um mistério entre a nossa liberdade e a graça (que chama e auxilia). Qualquer beleza instiga, provoca, mas nunca exige. «Nos transcendentais faz-se sempre presente essa dupla qualidade: o rastro do ser, luz que manifesta o ser, e, ao mesmo tempo, uma luz e rastro sempre limitados, jamais plenamente controláveis, nunca inteiramente disponíveis a nosso conhecimento e nossa liberdade»[16]. Escreveu P. Claudel:

> Não podes esperar que Deus chegue a ti
> e te diga: «Eu sou».
> A um Deus que declara o seu poder
> Falta-lhe sentido.
> Deves saber que Deus sopra através de ti,
> E, se o teu peito arde e nada anuncia,
> Está assim Deus agindo nele[17].

O *mistério* de um instrumento (beleza) que ajuda a encontrar um fundamento (Deus), o qual é ao mesmo tempo quem, respeitando a nossa liberdade, nos possibilita e nos faz ver o instrumento, bem poderia estar enraizado na sexta pergunta a respeito de Deus que V. Messori dirige a São João Paulo II em *Cruzando o limiar da esperança*: «Se existe, por que se esconde?», ou seja, «por que não se manifesta mais claramente? Por que não dá a todos provas tangíveis e acessíveis de sua existência? Por que a sua misteriosa estratégia parece ser a de brincar de se esconder

---

15 *Ibidem*, p. 284.

16 I. Yarza, *Introducción a la estética*, Eunsa, Pamplona, 2013, p. 179.

17 P. Claudel, «La muse qui est la grâce», em *Cinq Grandes Odes*, citado por J. Plazaola, em *Introducción a la estética. Historia, Teoría, Textos*, Universidade de Deusto, Bilbau, 1999, p. 578.

de suas criaturas? Há razões para crer [em nosso caso, a contemplação de tanta beleza], isso é certo; mas — como mostra a experiência da história — há também razões para duvidar e até para negar [em nosso caso, ver belezas que, apartadas da verdade e do bem, aparentemente nada nos dizem sobre Ele]. Não seria mais simples se a Sua existência fosse evidente?».

O Papa oferece-lhe uma longa resposta e, quase no fim de sua explicação, afirma algo surpreendente: «De certa perspectiva, é justo dizer que Deus se revelou ao homem até demais». Com isso, o problema parece voltar ao sujeito: a culpa não seria tanto de Deus, mas do homem. E, portanto, a pergunta seria reformulada da seguinte maneira: «Por que Deus quis que a resposta de fé tenha o seu lugar no "tabuleiro" do claro-escuro?». Referimo--nos a esse claro-escuro que Blaise Pascal descrevia ao dizer que sempre haverá «bastante luz para os que não desejam senão ver e bastante escuridão para os que tiverem a disposição contrária». Noutras palavras, por que Ele, em sua bondade e sabedoria infinitas, determinou essa regra para o jogo da fé? E, portanto, por que algo tão definitivo para o homem não poderia ser mais claro, mais fácil?

Não é hora de analisar com profundidade a difícil questão de por que Deus escolheu esse «tabuleiro», esse claro-escuro no qual nem tudo é luz (nem tudo são sombras), para que o homem decidisse em pleno uso de sua liberdade. Porém, em termos gerais, e com o imenso respeito por nossa liberdade que revela Deus ao fazê-lo, é possível oferecer brevemente três razões convenientes.

Em primeiro lugar, para quem já crê, esse claro-escuro o obriga a viver «com a dúvida» até o fim, ou seja, impede-o de «ficar com os louros», de «dar o assunto por encerrado». A fé é algo que deve não só conservar-se à tona mesmo com os tropeços e desafios da vida, mas também crescer até o fim de nosso tempo na terra.

Em segundo lugar — e por contraste —, para quem não crê o claro-escuro o obriga a «suportar a dúvida», a ter sempre de contestar em seu cérebro, ao observar os que creem, aquele «e se for verdade?». Nele, a dúvida persiste como uma provocação, como algo em constante estado de alerta, algo como um «talvez...».
E ele também não poderá livrar-se desse «algo» até a morte.

Por fim, do ponto de vista de Deus, esse claro-escuro permitirá ao Juiz divino manifestar, na hora certa, toda a sua misericórdia «mais facilmente», tanto àqueles que creram nEle como àqueles que não. Nossos pecados e faltas aparecerão, no tabuleiro claro--escuro, mais «justificáveis» ou, melhor dizendo, mais fáceis de perdoar (assim como as nossas boas ações serão mais meritórias). Se somos livres para pecar (para negar a Sua existência), Ele também é livre para nos perdoar.

Por isso, crer — o que chamamos crer — também envolve confiar em que este tabuleiro claro-escuro é o melhor dos tabuleiros: trata-se de crer nisso simplesmente porque Deus, que sabe o que é melhor para nós, que nos criou, assim o quis. Por isso São João Paulo II explicava também a V. Messori que não podemos rejeitar Deus *a priori* porque não podemos compreendê-lo com a nossa razão. Deus seria pouco se pudesse «ser reduzido» à nossa razão humana; não seria nem atraente, nem belo. Deus existe e é o que é antes mesmo de que eu o pense (algo que não está na moda desde que René Descartes dedicou-se a afirmar o contrário). A fé nos leva a acreditar — numa crença que é esperança — não apenas que por trás do que está acontecendo há sempre algo «maior», mas também que seu «método» é o melhor, o mais adequado e generoso ante a miséria humana.

Numa de suas parábolas, Jesus menciona um pobre chamado Lázaro que era desprezado, ignorado pelo rico que vivia na casa em frente à qual ele se sentava diariamente para pedir esmolas. Lázaro morreu e foi levado ao seio de Abraão. Morreu também o rico, mas este foi para o inferno. Ali, em meio aos tormentos, tentava negociar com Abraão. Sem conseguir alento, pediu por seus cinco irmãos, suplicando a Abraão que lhes enviassem um morto para exortá-los a mudar de vida e evitar aquele lugar de sofrimento. A resposta de Abraão é bastante significativa: «Se não ouvirem a Moisés e aos profetas, tampouco se deixarão convencer, ainda que ressuscite algum dos mortos» (Lc 16, 31). Não será o envio de um morto que necessariamente os farão crer. Essa também é a nossa situação. A fé é um dom, um ato da liberdade movida pela graça.

EDUARDO CAMINO | A Deus pela Beleza

Isso comprovamos ao observar a reação de alguns que viram ressuscitado outro Lázaro, o amigo de Jesus, irmão de Marta e Maria. Em vez de crer em Jesus, logo vão contar aos fariseus o que haviam visto. «Os pontífices e os fariseus convocaram o conselho e disseram: Que faremos? Esse homem multiplica os milagres. Se o deixarmos proceder assim, todos crerão nele, e os romanos virão e arruinarão a nossa cidade e toda a nação» (Jo 11, 47-48). Em vez de aquiescer diante da evidência, em vez de abrir-se à graça, seu coração se fecha, cobre-se de inveja e desejos de morte.

Como dizia Silvio Pellico, «para crer é preciso querer crer»; é preciso querer ver. É preciso pedir pelo dom, suplicá-lo e criar condições para recebê-lo. O pior cego é aquele que não quer ver. Por isso, não concluamos dizendo que Deus se esconde, mas antes afirmemos que, para vê-lO, precisamos muitas vezes mudar o nosso foco, abandonar as nossas frágeis seguranças, as nossas crenças rígidas e traiçoeiras, e pedir — como o cego de Jericó que, ao ver Jesus, suplicou: «Senhor, que eu veja» (Lc 18, 41).

A beleza pode nos levar a crer em Deus, mas o fará sempre respeitando essas «condições» nas quais a fé nasce: o claro-escuro da fé e a primazia da graça, a qual, respeitando a nossa liberdade, não só jamais nos faltará, como também nos será dada — nos será dada de fato, e continuamente — em abundância.

Por isso, para que a fé possa nascer e a beleza possa ser contemplada, nunca será suficiente estar em um museu diante de uma autêntica obra de arte ou ver um morto ressuscitar. Será necessário encontrar-se, o *feeling*, a sintonia com a realidade que nos cerca. A prova desse *feeling* é o nascimento da *claritas* ante a perfeição e a harmonia da realidade contemplada. Esse *feeling*, ademais, será auxiliado se, além de nos esforçarmos para cultivar as disposições concretas que logo mencionaremos, fizermos o possível para entrar de cabeça, coração e vontade naquilo que contemplamos, tratando de entendê-lo, de compreendê-lo, de absorvê-lo. Por isso diz Romano Guardini que, para que exista «encontro», não basta deparar-se com uma realidade bela; «tropeçar» ou trombar é uma interação simplesmente mecânica, biológica ou psicológica. É preciso «que se tome distância em relação a tal realidade, que me atente ao que está à minha frente, que me chame a atenção a sua singularidade e que me posicione e adote uma conduta prática a respeito» dela[18]. Em outras palavras, o belo nos deve interpelar. Diante dele não podemos desviar-nos ou permanecer indiferentes[19]. Por isso cada encontro (também com a beleza) tem algo de único e irrepetível, algo que é percebido de maneira especial em cada obra-prima (em particular). Não há dois encontros iguais. Trata-se de uma coisa que acaba com todo costume ou hábito.

Para além desse *feeling* vale lembrar, por fim, que o verdadeiro encontro não é questão de tempo. A *claritas* é imprevisível — surge e pronto. No momento oportuno, diremos que a pressa não é boa companheira da beleza, mas já devemos adiantar que o encontro não depende do correr das horas. Voltemos uma vez mais ao Evangelho e constatemos como sobram ao Senhor segundos para curar os cegos ou purificar leprosos; tampouco é necessário muito tempo para que Pedro ou Mateus larguem tudo e o sigam.

Recapitulando: a beleza pode facilitar o encontro com Deus. Ela, como a fé, é algo que depende sobretudo da graça. Para que se produza esse encontro, para que a beleza emane, nesse sentido, a sua eficácia, é necessário que nos envolvamos, que facilitemos o surgimento do *feeling* — e isso não depende do tempo. Por isso, mais do que nos encontrarmos com Deus, devemos facilitar que Ele nos encontre, e isso exige um comportamento nosso que se manifesta fundamentalmente nas duas ações a seguir.

---

18 R. Guardini. Ética. *Lecciones en la Universidad de Múnich*, BAC, Madri, 1993, pp. 187-8.

19 Cf. R. Guardini, *La esencia de la obra de arte*, Ediciones Cristandas, Madri, 1981, p. 312.

Capazes de apreendê-la

Se a beleza vem a ser um tipo de conhecimento que depende da plenitude da forma, o que acontece se essas três propriedades estiverem presentes, mas não agradam a alguém? O que acontece se a grande maioria diz que algo é belo e, no entanto, alguém não o vê dessa maneira? Vale lembrar que os gregos expressavam a «vulgaridade» através do termo *apeirokalia*, que significava a falta de experiência nas coisas belas...

A percepção da perfeição, da harmonia e do esplendor é algo que depende sobretudo de dois fatores (além da graça, que já dissemos ser o principal): das disposições do sujeito (sobretudo de seu estado anímico no momento: uma simples dor de cabeça ou de estômago podem obscurecer a sua vista ou tapar-lhe os ouvidos) e de sua formação (o conhecimento sobre a matéria). Podemos estar diante de uma grande obra de arte que, naquele momento, não nos diz nada pois estamos preocupados com outras coisas ou porque não temos preparo suficiente para desfrutá-la. Noutras palavras, a disposição do sujeito a acolher tal beleza, bem como a educação recebida, facilitam a apreensão de determinadas belezas. Essas são as nossas principais tarefas para facilitar o encontro com o belo e, assim, passar ao invisível; porém, antes de investigá-las, deve-se compreender que esse processo é fundamental.

Criados para a beleza

Todos nascemos com uma semente de beleza dentro de nós — uma semente que, se bem regada, em algum momento é chamada a florescer. Ou seja, por sermos criados à imagem e semelhança de Deus, temos uma bondade, verdade, beleza etc. naturais, em estado latente, e com a ajuda do Espírito devemos cultivá-la. «O Espírito da Verdade ensinar-vos-á toda a verdade» (Jo 16, 13).

Trata-se daquele *desejo de Deus* que tem como sintomas a sede do infinito, a nostalgia da eternidade, o anseio por um amor incondicional, a necessidade de luz, de verdade, de paz... Tendemos à beleza porque tendemos à plenitude de nossa forma, de nosso ser, e desejamos a consumação de toda a realidade porque nela há algo inefável, algo que nos lembra o que somos e estamos chamados a ser. Eis por que não cansamos de admirar o pôr do sol, de aspirar o perfume da primavera, de contemplar as folhas no outono, de fitar as chamas de uma fogueira ou escutar a nossa canção favorita. Os especialistas em desumanização bem o sabem: «Condenar um homem a viver alheio a qualquer manifestação de beleza o animaliza e o coisifica, anula-o como ser humano. Por isso, das ervas daninhas no pátio de um presídio, o preso faz uma espécie de Árvore do Paraíso, um roseiral, a fim de não enlouquecer e defender-se do processo de aniquilação ou degradação»[1].

Por isso, toda beleza verdadeira tem o poder de nos interpelar, de tocar profundamente os nossos corações e ampliar o horizonte de nossa existência, evocando o nosso destino definitivo. Em última instância, isso se dá porque «a via da beleza responde ao desejo íntimo de felicidade que pulsa no coração de todo homem. Abre infinitos horizontes que impulsionam o homem a sair de si mesmo, da rotina do instante efêmero, para abrir-se ao Transcendente e ao Mistério; a desejar, como objetivo último de seu desejo de felicidade e de sua nostalgia

---

1   G. Arbona, *Las llagas y los colores del mundo. Conversaciones literarias con José Jiménez Lozano*, Ediciones Encuentro. Madri, 2011, p. 22.

do absoluto, a beleza original que é o próprio Deus, criador de toda beleza criada»[2].

Com a ajuda da graça, o crescimento dessa semente fará com que voltemos a nossa atenção aos acontecimentos e, pouco a pouco, possamos descobrir a beleza até mesmo onde ela esteve mais escondida — algo parecido com o que aconteceu àquele cego de Betsaida ao encontrar-se com Jesus. «Jesus tomou o cego pela mão e levou-o para fora da aldeia. Pôs-lhe saliva nos olhos e, impondo-lhe as mãos, perguntou-lhe: Vês alguma coisa? O cego levantou os olhos e respondeu: Vejo os homens como árvores que andam. Em seguida, Jesus lhe impôs as mãos nos olhos e ele começou a ver e ficou curado, de modo que via distintamente de longe» (Mc 8, 23-25). Jesus poderia ter feito o milagre de uma vez só; porém, ao alçar suas mãos pela segunda vez nos faz ver que, para alguns, recuperar a vista (à beleza profunda e duradoura) nos custará um pouco mais de esforço[3].

O que é realmente peculiar e assombroso nesse estado de busca é que ele não se encerrará nesta terra e... tampouco no céu! Recordemos a passagem da Transfiguração no monte Tabor — que será objeto de nossas reflexões na terceira parte do livro — e como, apesar de ver o que os apóstolos viram, Pedro em breve negará o seu Mestre (cf. Lc 22,55-62). Ou ainda como o mesmo João não acreditará até ver os panos e o sudário ao entrar no sepulcro (cf. Jo 20, 8). A experiência do topo do monte não fora suficiente para que mantivessem o olhar, de uma vez por todas, fixo na Beleza.

A vida do santo de Hipona sempre servirá como exemplo de um itinerário ascendente em direção à beleza verdadeira e infinda, dessa semente que deverá crescer nesta terra e no céu. «A busca toda de Santo Agostinho encontrou sua realização na fé em Cristo, mas no sentido de que ele sempre permaneceu no caminho. Mais ainda, diz-nos: também na eternidade prosseguirá nesta busca; será uma aventura eterna descobrir novas grande-

---

2 Pontifício Conselho para a Cultura, *op. cit.*

3 O mesmo acontece com a beleza. Como veremos adiante ao analisar o Mito da Caverna, de Platão, a passagem de uma beleza a outra não se cumpre sem esforço, sem dor.

zas, novas belezas. Ao interpretar as palavras do Salmo: "Buscai sempre a sua face", disse: isso vale para a eternidade; e a beleza da eternidade consiste na ausência de uma realidade estática, num progresso infinito na infinita beleza de Deus. Assim pude encontrar Deus como razão fundamental, mas também como o amor que nos abraça, nos guia e dá sentido à história e a nossa vida pessoal»[4].

Deus sacia sem saciar. No céu não há rotina ou costume. Sempre descobriremos novas formas, novas cores e sensações, novos perfumes e imagens, nova bondade e verdade, nova unidade, nova beleza. Porque o amor torna constantemente novas e belas todas as coisas. É assim que a beleza se une à virtude da esperança, que, em última análise, não está tanto em pôr fim à injustiça, sequer ao tempo, em seu papel de tédio e enfado quando a vida já não nos diz nada porque pensamos que vivemos tudo e estamos «de volta»; mas na salvação, em nos elevarmos para além do mundo, sobretudo de nós mesmos, e viver para a felicidade para a qual fomos criados — a que não aborrece e não cansa, a que sacia sem saciar, a que não se repete, descansa, traz paz — uma paz infinita que nada, nem ninguém, nos pode arrebatar. Sim, a beleza não tem fim, sua contemplação sacia sem saciar[5].

«Quando virmos face a face
o que vimos em espelho
e saibamos que a bondade
e a beleza estão de acordo,
quando, ao mirar o que quisemos,
o vejamos claro e perfeito
e saibamos que há de durar,
sem paixão, sem monotonia,
então, e só então,
estaremos satisfeitos»[6].

---

4   Bento XVI, *Discurso ao mundo da cultura*, Pavia, 22 de abril de 2007.

5   É por isso que os artistas costumam deixar obras inacabadas. Simplesmente as *abandonam*, não *as terminam*. E é também por isso que, ao contemplá-las novamente, não é estranho que lhes aconteça algo novo, algo a ser acrescentado, algo a melhorar ou retocar.

6   «Cuando la muerte sea vencida», II Vésperas, IV Domingo do Tempo Comum.

Capazes de apreendê-la

Com novos olhos: as disposições

Graças a essa semente é sempre possível perceber a beleza — em maior ou menor grau, segundo as categorias que formou sobre ela e as disposições que possui naquele momento. Por isso, detenhamo-nos em primeiro lugar nessas disposições que possibilitarão não apenas degustar belezas superiores ou «novas», mas que nos poderão conduzir à fonte de toda beleza[7].

No parágrafo seguinte da já citada *A «via pulchritudinis»*, caminho de evangelização e de diálogo, encontramos descritos os quatro fundamentos que dariam lugar a esses «novos olhos». Diz o documento: «*contemplada* com ânimo puro, a beleza fala diretamente ao coração, eleva interiormente do *assombro* à maravilha (...). A beleza não nos deixa indiferentes: desperta emoções, põe em movimento um dinamismo de profunda *transformação interior* que gera gozo, sentimento de plenitude, desejo de participação gratuita na mesma beleza, de apropriar-se dela interiorizando-a a inserindo-a na própria existência concreta»[8].

Em primeiro lugar menciona-se uma maneira concreta de olhar, contemplando — um olhar que não é inquisitivo, não desconfia, não controla, não é superficial e, acima de tudo, não é utilitário[9]. Contemplar exige pausa, desinteresse, abertura, capacidade de absorção, deixar-se levar pelo visto. É o oposto de tirar proveito; é um olhar centrado no *quê*, despreocupado com

---

7   Também nos preparam para identificar a verdade e o bem que reside na natureza das coisas, pois quem é mais sensível para detectá-los mostra-se mais disposto a captar o belo.

8   Pontifício Conselho para a Cultura, *op. cit.* O grifo é nosso. A seguir, exporemos cada um dos quatro segundo a ordem do documento, sabendo que o acontecimento temporal da fruição estética começa pelos sentidos e só depois impacta a razão. Eis por que primeiro vem o assombro — Aristóteles afirmava que o que caracteriza o homem que começa a buscar o conhecimento (e nós podemos dizer, aqui, a «beleza») é a sua capacidade de admiração, da qual passa à contemplação gozosa para, posteriormente, interiorizar o contemplado até culminar no entusiasmo, nesses desejos de alçar o voo que Platão descrevia (cf. *Fedro*, 249c.).

9   «Se nos aproximarmos da natureza e do meio ambiente sem esta abertura para a admiração e o encanto, se deixarmos de falar a língua da fraternidade e da beleza na nossa relação com o mundo, então as nossas atitudes serão as do dominador, do consumidor ou de um mero explorador dos recursos naturais, incapaz de pôr um limite aos seus interesses imediatos. Pelo contrário, se nos sentirmos intimamente unidos a tudo o que existe, então brotarão de modo espontâneo a sobriedade e a solicitude» (Papa Francisco, Carta encíclica *Laudato si'*, n. 11; cf. n. 215).

o *para quê*. Em outras palavras, a contemplação evita, de início, tudo o que se presuma ampliar o conhecimento, saber mais; valorizar a função do objeto ou calcular seu valor econômico (uma das características que diferencia o belo e o bom está em que o bem é sempre interessado, enquanto o belo, não). Não se pretende adquirir o contemplado, e é por isso que São Tomás chama belo «aquilo cuja própria apreensão deleita»[10].

Com efeito, «ante o belo é urgente "não fazer nada", ter um comportamento receptivo àquilo a que nos entregamos, pois trata-se de um dom profundamente transformador»[11]. Pois àquele que contempla abre-se o mundo da obra de arte — foi Plotino o primeiro a assegurar que, «quanto mais alta a contemplação, mais intensa e bela seria a produção; quanto mais nos elevamos na ordem do pensamento, mais alcançaremos na ordem da ação»[12] — e «dissipa-se a neblina que envolve o seu ser; em cada ocasião, mais ou menos, segundo a profundidade com que penetre, segundo a vivacidade com que a compreenda. Torna-se ele mesmo mais evidente; não ao refletir teoricamente, mas como uma iluminação imediata. Alivia-se o peso de tudo o que há e que não tenha sido penetrado pela vida. Leva-se em conta de maneira mais profunda a possibilidade de tornar-se ele mesmo autêntico, puro, pleno e configurado»[13]. É por isso que C. S. Lewis dizia: «Sentamo-nos diante de um quadro para que ele faça algo conosco, não para que façamos algo com ele. A primeira exigência de qualquer obra de arte é a entrega. Olhar. Escutar. Receber». Estes são os comportamentos que melhor nos dispõem a «receber» o belo.

O olhar contemplativo é capaz, assim, de voltar uma e outra vez ao texto, à tela, porque lhe deram garantia da beleza mesmo que ele ainda não tenha conseguido percebê-la. O olhar contemplativo sabe esperar, sabe instalar-se nos tempos (da graça). Sabe insistir e voltar. Sabe respeitar a realidade do que contempla,

---

10 São Tomás de Aquino, *Suma teológica*, I-II, q. 27 a. 1 ad 3.

11 B. Díaz Kayel, «La belleza, umbral del misterio», em *Humanidades*, Ano VII, n. 1, dezembro de 2007.

12 I. Yarza, *op. cit.*, p. 49.

13 R. Guardini, *op. cit.*, p. 323.

Capazes de apreendê-la

convencido de que o que vê é muito maior. Sabe perseverar. E o sabe porque é amoroso — amoroso e humilde.

Por isso, dizia P. A. Urbina:

> Não se deve cair na tentação de explicar-lhes o quadro como se fosse um enigma, um hieróglifo ou uma charada (é assim que alguns pobres ignorantes entendem a poesia: como uma adivinha-ção), mas calar e, tranquilamente, em silêncio, convidá-los a olhar. A culpada é a inquietação. A insegurança que o misterioso traz. O chamado desesperado a um salva-vidas neste mar desconhecido. Não é preciso arremessar a boia, revelar o mistério ou conduzir-lhes, com saltos de ilusionista, ao mais conhecido.
> — O que significa isto?
> — Não pergunte o que significa, apenas olhe.
> — Mas o que é que quer dizer?
> — Exatamente o que diz. Escute.
>
> Não é a outra coisa a que devemos conduzi-los para acalmá-los. Dessa forma, jamais terão acesso à Beleza. É lançando-lhes ao mar desconhecido que serão capazes de conhecer e amar a água[14].

Como afirmava o romancista francês Gustave Flaubert, às obras-primas «basta que estejam ali, sem ter de dizer nada. Não precisam de apresentação ou de explicação. Bastam-se a si mesmas: bastam apenas a sua presença e sua beleza»[15].

Nesse sentido, G. Thibon propunha um critério certeiro para avaliar o que era realmente belo: «As coisas medíocres, as mais maculadas de miséria humana e de ridículo (as carícias, a exal-tação, a presunção pueril de dois amantes vulgares), podem parecer belas a quem as vive, *mas apenas na medida e durante o tempo em que as vive*. São, entretanto, indiferentes aos estra-nhos e também aos próprios amantes quando, depois de um primeiro momento de entusiasmo, põem-se a considerar e a julgar o passado. Em outras palavras, sua beleza não é passível de objetivação: pode ser vivida, mas não contemplada. A verdadeira beleza é aquela que pode ser, ao mesmo tempo, contemplada e vivida: por exemplo, uma lembrança que, sem estar relacionada

---

14 P. A. Urbina, *op. cit.*, pp. 254-255.
15 G. Flaubert, *Correspondance II*, Conard, Paris, 1910, p. 122.

conosco por laços de interesse, de orgulho e de prazer, segue derramando sobre o nosso coração a mesma plenitude e que, sempre que nos voltamos a ela — ainda que se encontre a uma distância infinita —, faz-se presente e viva no mais íntimo de nosso ser. É a síntese da distância e da intimidade, do objeto e do sujeito: a imagem de Deus na terra»[16].

No filme *Smoke* (1995), o personagem Paul tentou ajudar seu amigo ao convidá-lo a ir à sua casa e ver a grande obra de sua vida: inúmeros álbuns de fotografias, cheios de fotos tiradas aparentemente do mesmo ângulo, na mesma hora da manhã de todos os dias do ano. Ao notar que o amigo percorria rapidamente as páginas do álbum, interrompeu-o:

> — Você não vai entender nada se não olhar mais devagar, meu amigo.
> — O que você quer dizer com isso?
> — Quero dizer que está avançando muito depressa. Está só olhando as fotos.
> — Mas são todas iguais.
> — São todas iguais, mas cada uma é diferente de todas as demais. Há manhãs luminosas e manhãs sombrias... Há a luz de verão e a luz do outono. Dias úteis e fins de semana...

Diante do olhar contemplativo não há repetições. Quando aplicado às pessoas, faz com que reapareçam como um bem em si, como gente apreciada não por necessidade, vaidade, aparência ou utilidade, mas porque são únicas. Assim nos vê Deus. Somos os seus filhos... únicos. Eis por que a nossa verdadeira beleza é a que Deus contempla em nós segundo o grau de verdade, de bem e de unidade que percebe. Já dizia Sócrates, referindo-se a esse olhar contemplativo, que quem contempla a fundo os homens e as coisas vive próximo da felicidade.

Em segundo lugar, o texto destacava o ânimo puro, uma vez que a beleza exige certa purificação[17]. Trata-se de uma purificação do olhar que nasce da purificação do coração. Os olhos conseguem, dessa forma, superar o meramente exterior e chegam a captar a realidade em sua profundidade. Aí está a importância

---

16 G. Thibon, *op. cit.*, p. 115.

17 A esse aspecto voltaremos mais detalhadamente na segunda parte.

da intenção, do «deixar fazer», de fazer-se cada vez mais transparente para deixar passar cada vez mais luz. Por isso,

> aquele que não tem essa predisposição interior profana tudo o que toca, inclusive as coisas mais espirituais. De uma obra de arte, admira somente o seu valor financeiro; em uma mulher, vê apenas um instrumento de prazer ou uma associada no comércio da vida; e, no próprio Deus, vê apenas um modo de proteger-se contra a morte e contra o inferno.

> Dom Quixote, ao encontrar-se com Maritornes, trata-a como a uma dama de alta estirpe e rara virtude: seu olhar, puro como sua alma, consegue ver a pureza mesmo no mais pantanoso. Por outro lado, um vicioso, diante da pureza de uma jovem, pensa apenas na aventura do prazer. As fronteiras entre o sagrado e o profano estão mais em nossa alma do que nas coisas[18].

Por conseguinte, «um desamparado que estenda o braço à beira do caminho nos parecerá, de acordo com o nosso olhar, uma imagem de Cristo ou um despojo de humanidade»[19].

Neste sentido, A. Tonnellé perguntava: «Quem já não sentiu, depois de algo mau, que a visão do belo era para si uma censura, causando-lhe certo mal-estar moral, um sentimento de humilhação, de descontentamento interior, em vez de uma calma e doce felicidade?» E, ao contrário, «quem já não sentiu que, depois de uma admiração grande e viva, seu ser é enobrecido, que a imagem esplendorosa da visão que a beleza deixou em si o fortifica diante de um pensamento inferior ou vergonhoso, contra uma tentação ruim? (...) A alma, agora mais delicada, faz-se mais sensível ao impacto das coisas vulgares, mais temerosa de macular-se»[20].

Esta pureza de coração conduz à inocência que o Evangelho personifica nas crianças: «Em verdade vos digo: se não vos transformardes e vos tornardes como criancinhas, não entrareis no Reino dos céus» (Mt 18, 3). Elas, como os seus anjos, por sua inocência, têm mais facilidade para perceber a beleza. Daí o

---

18 G. Thibon, *op. cit.*, pp. 118-119.

19 *Ibidem*, p. 120.

20 A. Tonnellé, *Amar la belleza como algo sagrado*, citado por J. Plazaola, *op. cit.*, p. 592.

EDUARDO CAMINO | A Deus pela Beleza

conselho de Jesus: «Guardai-vos de menosprezar um só destes pequenos, porque eu vos digo que seus anjos no céu contemplam sem cessar a face de meu Pai que está nos céus» (Mt 18, 10).

O terceiro comportamento mencionado é o assombro, um assombro que exige certa abertura ao que ainda não se conhece. É por isso que tudo o que tem caráter rotineiro, uma «roupagem de dia a dia» ou uma disposição ao tédio, o enfraquece. Aconselhava São João Paulo II: «A beleza, que transmitireis às gerações futuras, seja tal que avive nelas o assombro. Diante da sacralidade da vida e do ser humano, diante das maravilhas do universo, o assombro é a única atitude condigna»[21].

Assombrar-se exige que deixemos de enfiar tudo o que vemos nesses odres velhos que moldamos ao longo dos anos, ou ao menos não tratar de encaixá-lo na experiência já vivida em nossa — sempre pouca — sabedoria acumulada. A beleza só brotará se nós o permitirmos, se deixarmos que se nos revele, se nos abrirmos à possibilidade da mudança, da novidade.

Essa abertura é impossível sem humildade. Como dizia Bento XVI: «Qual é a razão pela qual alguns veem e encontram, enquanto outros não? O que abre os olhos e o coração? O que falta aos que permanecem indiferentes, aos que indicam o caminho, mas não se movem? Podemos responder: a demasiada segurança em si mesmos, a pretensão de conhecer perfeitamente a realidade, a presunção de já terem formulado um juízo definitivo sobre as coisas tornam os seus corações fechados e insensíveis à novidade de Deus. Sentem-se seguros da ideia do mundo que formularam para si e não se deixam abalar no seu íntimo pela aventura de um Deus que deseja encontrá-los»[22].

«O grande compositor barroco Georg Friedrich Händel sentia que a sua fonte de inspiração havia secado. Certa tarde, pôs-se a perambular pelas ruas de Londres e, de repente, se deu conta de que uma jovem, em certa casa, tocava piano e cantava uma canção relacionada à história de Israel e à vida, morte e ressurreição do Senhor. Händel se impressionou. Voltou à sua casa e,

---

21 São João Paulo II, *Carta aos artistas*, 16.
22 Bento XVI, *Homilia*, 6 de janeiro de 2010.

durante 22 dias, ficou como que em transe, totalmente absorto na composição do oratório *O Messias.* "Parecia que eu estava no Céu", confessou posteriormente. Essa transfiguração espiritual, cujo fruto temos o prazer de admirar uma e outra vez através de interpretações cada vez mais belas, deveu-se a seu contato com a plenitude da vida expressa em uma simples canção. Nela havia energia suficiente para inspirar uma composição admirável»[23]. Händel experimentou o assombro ao escutar uma melodia costumeira aos ouvidos de centenas de transeuntes.

Em última análise, faz-se necessária uma *transformação interior* ou, em outras palavras, certa *vida interior.* Hoje em dia, essa vida é dificultada pela pressa e pela falta de atenção, por uma multiplicidade riquíssima de ofertas sem fim que as ordene, por uma infinidade de coisas a fazer sem um porquê que lhes dê sentido e unidade. Assim refletia Joseph Ratzinger: «O silêncio desenvolve o sentido interior, o sentido da consciência, o sentido do eterno que vive em nós, a capacidade de ouvir a Deus. Diz-se que os dinossauros foram extintos por terem se desenvolvido segundo um caminho falso: muito corpo e pouco cérebro, músculos abundantes e compreensão escassa. Será que não nos desenvolvemos também de maneira equivocada? Não temos desenvolvido muita técnica e pouca alma? Uma grande carcaça de poder material e um coração que ficou vazio? Não foi extinta a capacidade de perceber em nós mesmos a voz de Deus, de reconhecer e aceitar a bondade, a beleza e a verdade? Não há tempo, ainda, de retificar o curso da nossa "evolução"?»[24]

Pensemos nos ícones, essas obras que não só representam certas realidades sagradas como também as fazem presentes para quem as contempla com certa vida interior. «Pavel Evdokimov indicou expressamente qual é o percurso interior que pressupõe o ícone. O ícone não é simplesmente a reprodução de tudo o que se pode perceber com os sentidos, mas pressupõe, como afirma Evdokimov, um "jejum da visão". A percepção interior deve libertar-se da mera impressão dos sentidos e, em oração e ascese,

---

23 A. López Quintás, «La Belleza y su poder transfigurador».
24 J. Ratzinger, *Cooperadores de la verdad.* Rialp, Madri, 1991, p. 484.

EDUARDO CAMINO | A Deus pela Beleza

adquirir uma nova percepção, uma capacidade de visão mais profunda, dar o passo que há entre o que é meramente exterior e a profundidade da realidade, de modo que o artista veja o que os sentidos como tais ainda não veem e que, no entanto, é visível no mundo sensível: o esplendor da glória de Deus, o "esplendor de Deus, que se reflete na face de Cristo" (2 Cor 4, 6). Admirar um ícone, e em geral as grandes imagens da arte cristã, nos conduz por uma via interior, pelo caminho da superação de si, e, consequentemente, nessa purificação do coração, revela-nos a beleza, ou ao menos uma centelha dela. Assim, coloca-nos em relação com a força da verdade»[25].

Por outro lado, se uma pessoa vive presa aos sentidos, se lhe falta resguardo e espírito crítico — ou um mínimo de espírito reflexivo —, se não se pergunta o porquê das coisas, se deixa-se levar pela afobação e pela utilidade, se, em vez de servir às pessoas, serve-se delas, se «as coisas por fazer» costumam predominar sobre aqueles que estão à sua volta, dificilmente ela poderá perceber e abrir-se a novas belezas. É preciso tentar interiorizar o que foi visto, ponderá-lo, pensar sobre ele, saboreá-lo, deixá-lo descansar, meditá-lo.

Como não apreciar estas palavras de G. Thibon? «E chegou a hora de deixá-la. Silenciava. Baixei os olhos para não vê-la chorar e notei um reflexo do sol em uma lágrima que descia por sua bochecha. Aquela lágrima, que um golpe de vento veio a enxugar, levou-me ao mundo em que nada muda: por ela se consumaram no fundo de minha alma as núpcias tormentosas da eternidade e do efêmero»[26].

E ainda este diálogo entre uma menina e o judeu escondido no porão de sua casa, do filme *A menina que roubava livros*:

> — Pode me fazer um favor? Pode me dizer como está o dia hoje? Como está o tempo lá fora?
> — Está nublado.
> — Não, não, não... Use as suas palavras. Se os seus olhos pudessem falar, o que diriam?
> — É um dia... pálido.

---

25   *Idem*, «O sentimento das coisas, a contemplação da beleza», p. 19.
26   G. Thibon, *op. cit.*, p. 347.

Capazes de aprendê-la

— Pálido, muito bem. Continue...
— Tudo se esconde atrás de uma nuvem e o sol... não parece o sol.
— E o que se parece?
— É como uma ostra de prata.
— Obrigada. Agora o vi — diz, sorrindo enquanto permanece sentado no solo, apontando a cabeça com o dedo indicador da mão direita.

Que falar, ainda, do brinde do general no fim de *A festa de Babette*, quando ele descobre, surpreso, a verdade sobre o banquete?

O homem, meus amigos, é frágil e tolo. A todos já nos foi dito que a graça divina se encontra por todo o universo. Mas em nossa tolice e miopia humanas, imaginamos ser a graça finita. Por esse motivo, trememos. Trememos antes de fazer as nossas escolhas na vida, e após tê-las feito trememos pelo medo de ter escolhido errado. Mas eis que chega o momento em que os nossos olhos estão abertos e percebemos que a graça é infinita. A graça, meus amigos, não exige nada de nós senão que a aguardemos com confiança e a reconheçamos com gratidão. A graça, irmãos, não impõe condições e não escolhe nenhum de nós em particular; a graça nos toma a todos em seu seio e proclama anistia geral. Vejam! Aquilo que escolhemos nos é dado e aquilo que recusamos nos é igualmente, e ao mesmo tempo, concedido. Sim, que o que rejeitamos seja copiosamente vertido sobre nós. Pois que a misericórdia e a verdade encontraram uma à outra, e a retidão e a bem-aventurança beijaram uma à outra!

Ou, ainda, a descrição de M. Delibes em seu romance *Dama de vermelho sobre fundo cinza*: «Naquelas sobremesas, empregávamos palavras ambíguas, ardilosas. Nenhum de nós dois éramos sinceros, mas fingíamos e ambos aceitávamos, de antemão, a simulação. Porém, na maioria das vezes, nos calávamos. Nada importavam os silêncios, o tédio das primeiras horas da tarde. Estávamos juntos, era suficiente. Quando ela se foi pude vê-lo com mais clareza: aquelas sobremesas sem palavras, aqueles olhares sem projeto, sem esperar grandes coisas da vida, eram simplesmente a felicidade»[27].

Os exemplos são inumeráveis.

---

27 M. Delibes, *Señora de rojo sobre fondo gris*, Destino, Barcelona, 1991, p. 112.

EDUARDO CAMINO | A Deus pela Beleza

Formar: cultivar o caráter e aprimorar o gosto

O segundo requisito — dizíamos — é a formação: formar-se. Levando-se em conta, em primeiro lugar, que o belo não pode ser «demonstrado», mas apenas «mostrar». Não é possível mostrar racionalmente algo belo; pode-se, sim, educar o sujeito para que consiga captar novas belezas. Porque, para que a beleza nos agrade, deve haver certa proporção entre as nossas capacidades cognitivas (mais ou menos formadas na verdade e no bem) e a beleza que captamos. Se, para Platão, o belo era difícil, isso se dava justamente por depender da verdade[28]. A busca pela verdade é a única garantia da bondade e da autêntica felicidade. Eis por que, para ele, era bela, simplesmente bela, a vida de Sócrates. «Sevir à verdade significa, como no caso de Sócrates, renunciar a transformar-se em princípio único de medida para deixar-se medir pelo ser, pelas ideias, e poder assim incorporar a beleza à própria vida, ao saber e ao agir»[29].

Todo saber é custoso e não costuma nascer espontaneamente. Exige esforço, constância. Cansa, exaure. Por isso São Tomás observava: «A percepção de algo como belo se dá na forma mais alta de conhecimento, que é a contemplação». Compartilhariam dessa mesma posição Kant e Hegel, para quem a beleza não era uma «primeira impressão», mas exigia uma atividade cognoscitiva intensa.

Os gregos descobriram que toda formação verdadeira consistia fundamentalmente em cultivar o caráter e aguçar o gosto — duas ações que nos falam de certo equilíbrio para poder elevar-nos. O homem formado, o sábio, era aquele que reagia aos feitos e às coisas segundo a sua natureza. Ou seja, não fazia tragédias de ninharias, nem ninharias de verdadeiras tragédias. Por isso Aristóteles assegurava que a boa educação consistia em aprender a sentir adequadamente, «em satisfazer-se e lamentar-se de manei-

---

28 Platão, *Hípias maior*, 304e.
29 I. Yarza, *op. cit.*, p. 28.

ra adequada»[30]. Os sentimentos do sábio estavam ancorados na verdade e no bem. Tratava-se de um homem moderado, portanto, prudente no juízo. Era virtuoso, pois as virtudes eram coisa necessária para poder desfrutar, aspirar aos bens mais altos.

Esta ideia diverge daquela que predomina atualmente em muitas escolas ou universidades. Pensa-se que saber é simplesmente acumular conhecimentos ou dominar certa técnica, quando de fato, como afirmava São Bernardo de Claraval, «sábio é aquele a quem as coisas são compreendidas como são». Ou seja, aquele a quem «o pecado é compreendido como pecado e o bem é compreendido como a bondade», aquele que evita o mal não apenas pelo prejuízo que pode gerar, como também porque sua feiura lhe é insuportável.

Há anos T. S. Eliot se perguntava: «Onde está a sabedoria que perdemos para o conhecimento? Onde está o conhecimento que perdemos para a informação?». Por isso ainda é «decisivo que os jovens, no tempo de sua formação, tenham a experiência da grandeza, das realidades mais ricas e das questões decisivas. O estudo e a aprendizagem das coisas mais importantes, além de aumentar o acervo de conhecimentos teóricos, proporciona algo muito mais precioso: a contemplação do *verum* de qualidade, proporciona uma situação de felicidade que não pode ser substituída por outra coisa»[31]. E a que nos referimos com «coisas importantes»? Às questões últimas, definitivas, da existência... a «viver, sofrer, morrer: eis aqui três coisas que a nossa universidade não ensina e que, no entanto, contêm em si toda a ciência de que o homem necessita» (Auguez).

A formação grega não se conformava, portanto, com que o sujeito soubesse que algo era mau, tampouco com que a sua vontade o desprezasse precisamente por isso; os gregos queriam chegar até o coração, à essência, e pretendiam que desse coração brotasse a alegria precisamente por ter evitado o mal. Usemos o futebol como exemplo: aos gregos não lhes bastava vencer a partida, nem ter vencido jogando bem. Tinham de

---

30 Aristóteles, *Ética a Nicômaco*, 1104b, 9-15.

31 A. Ruiz Retegui, *op. cit.*, p. 65.

poder dizer: «Ganhamos e jogamos muito bem; foi um verdadeiro espetáculo»[32].

Em relação a isso, lembro como, anos atrás, contaram-me a reação dos napolitanos em 1990, quando ganharam a liga italiana pela segunda vez com Diego Armando Maradona. Um grupo eufórico de *tifossi* pendurou um grande cartaz em frente ao cemitério e, dirigindo-se aos mortos, dizia: «Vocês não sabem o que perderam». Os gregos sabiam que, para desfrutar de certas obras de arte, certas músicas etc., era preciso aguçar o gosto (o sentimento de prazer diante da beleza). O termo *sapere*, de raiz latina, significava em suas origens o sentido do gosto e do bom juízo. E o gosto, que é o que distingue o sabor das coisas e o que possibilita apreciar o belo, forma-se educando o coração, edificando os sentimentos. O sentir humano é um sentir estético (estética vem do grego *aisthesis*, que significa sensação e que podemos descrever como a reflexão sobre a capacidade humana de sentir beleza). É preciso tentar chegar a esse ponto, a formar o coração. Não nos esqueçamos de que «o mais fiel não é aquele que pensa melhor, mas aquele que *sente* mais profundamente»[33].

Os gregos, portanto, sabiam que para educar, além de «mobiliar» a cabeça com conceitos e fortalecer a vontade com virtudes, deviam «configurar» os sentimentos para que estes sentissem fielmente a realidade. Ter um coração — e um coração capaz de amar, de rir e de chorar, de entusiasmar-se e de sofrer, de comover-se e entregar-se pelo que realmente vale a pena — é, e sempre será, o mais próprio à natureza humana.

É que muitas vezes nos destacamos e somos precisos na hora de transmitir conhecimentos em matemática, em geografia, em idiomas e até em filosofia e religião — para citar algumas ciências. E também nos esforçamos por formar a vontade por meio das virtudes: insistimos na pontualidade, na ordem, no modo

---

32 Recordemos que «quem evita o mal não porque é um mal, mas porque há um mandamento de Deus neste sentido, não é livre. Por outro lado, quem evita o mal porque é mal, este sim é livre». São Tomás de Aquino, *Super Secundam Epistulam ad Cortinthios Lectura*, cap. 3, lect. III, ed. Marietti, n. 112, p. 464.

33 G. Thibon, *op. cit.*, p. 333.

de falar, de vestir etc. Porém, raramente chegamos a formar o coração, não tocamos os sentimentos porque chegar a eles não é tão simples.

Por exemplo, no plano da ética, a pessoa sabe pelos conhecimentos adquiridos que determinada ação é má (tem, digamos, uma cabeça bem formada) e trata de evitar esse tipo de ação (também tem, portanto, uma vontade bem treinada); mas como é que ela reage às más ações? Segue buscando-as ou as vê como realmente são: más e feias?

Por isso as narrativas tinham tanta importância na cultura grega quando se tratava de formar o povo. J. S. Mill defendia que «o que forma o caráter não é o que um menino ou uma menina sabem repetir de cor, mas o que aprenderam a amar e a admirar»; e mesmo Jean-Jacques Rousseau questionava: «Querem inspirar nos jovens o amor aos bons costumes? Em vez de dizer-lhes repetidamente: "sejam prudentes", despertem neles o interesse para que o sejam; façam-lhes sentir tudo o que a prudência vale e façam que a amem». Eis por que aqueles que «presenciavam» essas histórias (de seus antepassados, seus deuses etc.), as quais são muito mais fáceis de memorizar do que ideias ou conceitos, voltavam a seus lares sentindo-se mais cidadãos da pólis, mais apaixonados por sua cidade e sua história. Era isso que os causava a tragédia grega, a já anunciada «catarse».

«A experiência estética ajuda a preservar a pureza das funções do sentimento. O sentimento é puro porque implica a capacidade de acolhida, de sensibilidade a certos aspectos da vida, aptidão para percebê-los. Na contemplação de uma obra de arte — *O casamento,* de Goya, por exemplo — podemos experimentar pela imaginação a miséria do mundo sem viver a angústia que, no mundo real, desencadearia a nossa ação para evitar essa miséria. Mas ela ajuda a criar o sentimento moral e desenvolve a capacidade de compromisso ético com o mundo»[34]. De maneira semelhante, aqueles que assistiam às apresentações «catárticas» podiam, em sua imaginação, voltar a reafirmar a si

---

34 P. Ma. Pérez Alonso-Greta, *El gusto estético. La educación del (buen) gusto,* Universidad de Navarra, 2008.

mesmos os valores do cidadão exemplar. O que presenciavam podia ser imitado. Vendo-o, viam-se a si mesmos.

Dizia Aristóteles em sua *Poética*: «A tragédia é a imitação de uma ação de caráter elevado e completa, dotada de certa extensão, em uma linguagem agradável, cheia de belezas de um tipo particular segundo as suas diversas partes; trata-se de imitação que foi ou é feita por personagens em ação, e não mediante um relato, e que desperta no espectador, por compaixão e temor, a própria purificação desses estados emotivos». Em razão de sua capacidade de imitar vidas (inclusive as que alguém gostaria de viver), com suas situações e ações, goza de uma força peculiar para expressar conteúdos e verdades éticas. Por isso o teatro é um meio importante para educar a sensibilidade de um povo. Nele, de maneira mais simples do que nas escolas e universidades, chega-se ao coração humano, onde podem-se gravar quase «sem dor» o bem e o mal. Prazer e dor são dois excelentes instrumentos para a formação social das pessoas. Não nos esqueçamos — como reza um antigo provérbio africano — de que «para educar uma criança é necessária toda uma comunidade», e quem controla os mecanismos de prazer — a arte é um deles — controla, em grande medida, a educação da cidadania[35].

A tragédia produzia em seus espectadores, portanto, essa espécie de descarga de tensão, esse efeito purificador que recolocava no espectador os sentimentos gastos e carregados pelo burburinho do dia a dia, o que era valioso e nocivo tanto para ele como para a cidade. A «catarse» chegava ao coração das pessoas, «modelava-o». Nessas representações o mau aparecia como mau e causava desprezo, censura, aborrecimento em quem as assistia, enquanto o bom era apresentado como bom e os presentes sentiam-se inclinados a imitá-lo. Isso não quer dizer que não se pudesse representar o roubo, o adultério, a mentira, a traição etc., mas que, quando essas realidades eram representadas, eram-no segundo a sua natureza maléfica. «Tudo é matéria-prima para a arte. Não devemos cair no erro de que não se pode ou não se deve falar, fazer ouvir ou fazer ver a soberba e

---

35 Cf. J. R. Ayllón, *Filosofía mínima*, Ariel, Barcelona, 2003, cap. XII.

o orgulho, a sensualidade, a injustiça etc. Há, sim, beleza no mal quando a beleza aponta a esse bem que lhe falta»[36].

Há beleza em *Anna Karênina*, de Leon Tolstói, pois, tratando de um adultério, não incentiva o ato; em *A pérola*, de John Steinbeck, porque retrata de maneira magistral os efeitos perversos da inveja e da cobiça; também em *Crime e castigo*, de Fiódor Dostoiévski, por mostrar a impossibilidade de calar a voz da própria consciência; em *Terras de penumbra*, de Richard Attenborough, porque, ainda que padecendo muito, abre a dor à consciência; assim como em *A vida é bela*, em que Roberto Benigni ainda acrescenta uma maneira nobre de encarar a dor e o horror: esquecendo de si mesmo etc. P. A. Urbina confessou que, ao ler *Os demônios*, de Dostoiévski, sentira um pavoroso terror: «Isso é representar o mal com beleza. Magnífico!»[37].

Por isso uma obra só é uma obra-prima se, manifestando beleza com uma força persuasiva particular (diria Aristóteles), torna visível a verdade e o bem daquilo que representa. «A arte pode inventar, imaginar, todo tipo de bem e de mal moral, de heroísmo ou de baixeza, mas respeitando sempre a sua verdade, refletindo a sua dimensão moral. Por esse motivo é possível afirmar a profunda incoerência, a impossibilidade, de uma obra de arte que incite a mentira, o ódio, o racismo ou a pederastia, que apresente o mal não como possibilidade contrária à razão humana, mas como seu próprio objeto»[38].

Desta maneira, ao presenciar a tragédia, ao «vivê-la», o público voltava a seus lares recordando que a traição era algo mau e que a honestidade, a generosidade, a sinceridade e a lealdade eram comportamentos bons e necessários. Presenciando situações-limite, nas quais a própria honra ou a própria vida estavam em xeque, a comunidade ampliava os seus horizontes e examinava-se a si mesma em relação a suas «outras possibilidades de fazer o bem. Ao sair da representação, o povo o fazia não só renovado nos fundamentos de sua cidade, como também com os senti-

---

36 P. A. Urbina, *op. cit.*, p. 236.

37 *Ibidem*, p. 72.

38 I. Yarza, *op. cit.*, pp. 199-200. Voltaremos a esse tópico adiante, na segunda parte, ao falar da beleza do *agere*.

mentos purgados. Assim, ao mesmo tempo que se distraía, se entretinha e se divertia, seu coração se re-formava. O espectador havia aberto a porta de sua própria intimidade: a tragédia lhe tinha permitido dar-se conta de quem era — de sua grandeza e de sua miséria, do que tinha de herói e de vilão — e, desta forma, projetar a possibilidade de reorientar o seu futuro.

Por fim, hoje encontramos esse papel catártico da tragédia grega em um grande filme (como dão a entender alguns exemplos apresentados anteriormente), em um bom jogo de futebol (se o seu time disputa e vence a final da *Champions League*), ao subir uma montanha, ao ler um romance, ou até mesmo na hora de assistir a um enterro. Sim, nessas circunstâncias e em outras parecidas, podemos descobrir que a alma costuma ser «descarregada» e «realocada». E todas essas situações, no que tange à «catarse», podem ser superadas por esta outra: uma boa confissão. Abrir-se. Desabafar. Esvaziar-se totalmente. Olhar nos olhos da Verdade. Confiar em Deus e voltar a caminhar junto a Ele. Poucas situações são comparáveis com a alegria e a paz que se experimentam nessa situação, ao ver-se e saber-se novamente participante da sinfonia da amizade com Deus.

SEGUNDA PARTE

Há belezas, beleza... e Beleza
Platão e o Mito da Caverna

«Cada coisa tem a sua beleza,
mas nem todos podem vê-la.»
— Confúcio

Platão, em virtude de sua doutrina das ideias, tentou dar fundamento metafísico à beleza. Um de seus mitos mais conhecidos é o que conta no livro VII da *República*: o Mito da Caverna. Sua grande riqueza simbólica admite diversas interpretações: política, cultural, antropológica, epistemológica, metafísica, pedagógica. Nós o usaremos para demonstrar os diversos níveis ou graus de beleza.

Todo o mito gira em torno de dois mundos, o visível (o da opinião ou aparência) e o inteligível (o da ciência, o verdadeiro)[1]. No mundo visível, a vida transcorre dentro de uma caverna, e se distinguem ali dois níveis ou degraus. No primeiro, a beleza está reduzida à que nos contaram e podemos ver. Trata-se daquela que veem os prisioneiros que, sem poder mover as suas cabeças

---

1 Platão tratou da beleza em diversos diálogos: no *Hípias maior*, da beleza dos corpos; no *Fedro*, da beleza da alma; no *Banquete*, da beleza em geral. Neste último encontramos sua famosa «ascensão da beleza»; mesmo assim, o Mito da Caverna é mais rico em nuances.

por estarem acorrentados, percebem-na nas sombras que se projetam nas paredes diante de si (toda a sua realidade e beleza é esta: a que têm adiante e que veem e comentam entre si). No outro mundo, por sua vez, um dos prisioneiros que se livra das correntes aumentou o seu campo de visão: pôde virar-se e olhar o outro lado. A beleza é agora o que se contempla e se pensa ser beleza (ainda que não o seja de fato).

Em muitas ocasiões, o nosso juízo sobre a beleza também se detém em um desses níveis, permanecendo como que «encerrado» na caverna. Corremos o risco de nos deixar «aprisionar por uma beleza tomada por si mesma, ícone transformado em ídolo, meio que acaba devorando o fim, verdade que aprisiona, armadilha na qual muitos caem por falta de uma formação adequada da sensibilidade e de uma educação correta da beleza»[2]. No entanto, se, como o prisioneiro libertado, continuarmos a subir e conseguirmos alcançar o mundo exterior, nos depararemos com dois novos níveis: o do pensamento, este que investigamos, onde está a beleza que somos capazes de compreender porque nos formamos para tanto; e o nível da razão ou realidade em si — o mundo das ideias, do Sol, onde está a beleza em si, Deus.

Nesse «último degrau» encontra-se a beleza que nunca chegaremos a apreender totalmente, aquela sobre a qual o próprio Platão declara que, «em primeiro lugar, existe desde sempre, não nasce nem morre, não cresce ou decresce; em segundo lugar, não é bela a partir de um ponto de vista e feia de outro, ou num aspecto bela e, noutro momento ou aspecto, feia, de modo que seja bela para alguns e feia para outros... Trata-se da Beleza absoluta, existente sempre em uniformidade consigo mesma, e de tal forma que, enquanto toda a multidão de coisas belas participam dela, ela nunca aumenta nem diminui, mas permanece inalterada (...). É a Beleza em si, inteira, pura, sem mácula, (...) divina e coessencial consigo mesma»[3]. Para ele — como já dissemos — o belo e o bom nos remetem, em último termo, a Deus, a esse Sol que também coincide com a ideia do Uno e do Bem,

---

2   Pontifício Conselho para a Cultura, *op. cit.*

3   Platão, *Banquete*, 210e, 211b.

causa de todas as coisas justas e belas, produtor da verdade e da inteligência[4]. Nele está a suma identidade, a medida e causa de toda medida, de toda proporção e de toda harmonia.

Por fim, a simbologia do Mito nos mostra que a beleza se manifesta de diversas maneiras e em diversos níveis. Na pessoa, por exemplo, a beleza que emana de seu corpo não é a mesma que emana de suas ações. Na pintura, a beleza que apreciamos em um desenho feito em tinta guache por uma garotinha de seis anos de idade não é igual à que irradia de um Caravaggio. Em literatura, poesia e música, podemos afirmar que não é tão simples captar a beleza de *Anna Karênina*, dos poemas de T. S. Eliot ou de uma valsa de Strauss; mas, quando ela é captada, não se compara a uma história em quadrinhos qualquer, a alguns versos amadores ou a uma melodia contagiante de uma temporada de verão. Além disso, e «sobre» todas essas belezas, está a Beleza.

O Mito também revela que hoje em dia ainda são muitos os que pensam não haver beleza além da que veem ou da qual ouviram falar. Não se dedicam a refletir sobre ela e sequer suspeitam da existência de uma beleza em si. Por isso Platão questiona: se um dos prisioneiros «fosse libertado e forçado a levantar-se de repente, a virar o pescoço e caminhar mirando a luz; e se, ao fazer tudo isso, sofresse e, por causa do deslumbramento, fosse incapaz de perceber aquelas coisas cujas sombras havia visto anteriormente, o que ele responderia se lhe fosse dito que o que vira antes eram ninharias e agora, por sua vez, está mais próximo do real, voltado a coisas mais reais, que na verdade vê corretamente?». Pela dor e sofrimento, pela falta de adequação à nova realidade, de início revelar-se-ia relutante (e essa reação duraria algum tempo) em crer que a beleza que agora contempla é mais real do que a que abandonara.

---

4   Para Platão, a beleza não coincide com o princípio, mas o reflete; ela é mais perceptível do que o Bem ou o Uno. «Sua função é, portanto, anagógica: conduz ao princípio, pois manifesta a sua remota presença no sensível; seu esplendor visível é o meio que encaminha à realidade inteligível e transcendente. A hierarquia da beleza reflete a hierarquia do ser; sua intensificação não é outra coisa senão a intensificação do ser» (I. Yarza, *op. cit.*, p. 31).

«Se Platão relacionou a beleza ao Bem-Uno, mas sem identificá-la com ele, Aristóteles, por sua vez, não hesitou em afirmar a identidade do primeiro princípio com a beleza absoluta e originária» (*Ibidem*, p. 34). Para Aristóteles, Deus é a própria simplicidade, ato puro, suma verdade, bondade e beleza.

EDUARDO CAMINO | A Deus pela Beleza

Imaginemos mais: imaginemos que «ele fosse forçado a olhar para a própria luz», ou o próprio Sol. «Não lhe doeria a vista e trataria de desviá-la, voltando-se àquelas coisas que podia antes perceber, por considerar que estas são realmente mais claras do que as que agora se mostram?».

De fato, a muitos lhes custará abandonar, pouco a pouco, as falsas e antigas crenças, os preconceitos relacionados ao hábito; romper com a vida levada até o momento e empreender uma verdadeira *via pulchritudinis*. Para ser capaz de compreender e captar cada nova beleza e alçar um nível mais alto, é preciso superar medos e dificuldades. Eis por que o prisioneiro deve ser «obrigado», «forçado», «arrastado» por uma «subida árdua e escarpada», e assim até acostumar-se, pouco a pouco, com a luz exterior, até alcançar o conhecimento daquilo que é autenticamente real, o valor do eterno, do imaterial e imutável: as Ideias, o Sol, Deus.

Por isso, e uma vez expostas em nossa primeira parte as três características da beleza em si, tratemos de contemplá-las nos três focos principais que — como antecipamos — destacou o documento do Pontifício Conselho para a Cultura: o cosmos, a pessoa e as obras de arte. Desta maneira, tentaremos nos livrar de nossos grilhões e elevar-nos, a partir da beleza sensível, à fonte de toda beleza, onde estas três características se cumprem em grau máximo.

Assim como o *bem* tem os seus níveis (é bom deixar o carro para um amigo, mas é melhor salvar a vida dele), e o mesmo acontece com a *verdade* (dois mais dois são quatro é uma verdade matemática que não tem o mesmo valor de saber-se filho de Deus) e a *unidade* (a unidade de dois jogadores de futebol da mesma equipe é distinta da que mantêm marido e mulher), a *beleza* também os tem. As coisas serão belas em maior ou menor grau segundo a perfeição de sua natureza (é mais importante a beleza de uma pessoa do que a de uma flor — mas não porque assim o veem os nossos sentidos, e sim porque a sua realidade é superior, já que a riqueza de seu ser também o é) e, portanto, dependendo do grau em que tenham essas características.

É inegável que há belezas e belezas. Nem todo belo tem a mesma intensidade ou profundidade. No fundo, a beleza de todas as coisas será proporcional à sua densidade ontológica. Por isso dizemos, como Platão, que há belezas, beleza... e Beleza. Além disso, ainda que todas nos possam conduzir a Deus, a beleza transmitida por um pôr do sol, pela paisagem vista do alto de uma montanha, pelo voo majestoso de uma águia, não é a mesma transmitida pela leitura de *Jane Eyre* ou a que identificamos nas ações de Madre Teresa de Calcutá. Nem todas são a mesma, pois nem todas têm a mesma densidade ontológica: quanto maior a densidade, maior a beleza. Se as coisas com as quais me comprometo dizem o que sou, também posso reconhecer o que sou ao reconhecer quais belezas sou capaz de captar e, sobretudo, dando-me conta do tipo de belezas que me atraem.

Para que possamos seguir ordenadamente com as nossas reflexões, dividiremos as possíveis belezas em dois grandes grupos: as naturais (a beleza do cosmos e do homem) e aquelas nas quais o homem de alguma maneira intervém, «criando-as» (a beleza do *facere*)[5].

Assim como a modernidade cometeu o erro de reduzir a beleza ao *facere*, se tivéssemos planejado *A Deus pela beleza* com a intenção de refletir unicamente sobre as obras-primas da arte sacra estaríamos também caindo num erro reducionista. A visão cristã não pode prescindir da beleza do cosmos e do homem (*agere*), alma e corpo. Um pôr do sol, assim como uma vida santa, reluzem com forma e força próprias, assim como faz uma obra de arte, sacra ou não. Fazem-no como lampejos distintos da Forma mais bela: Deus. Por isso dizia Van Gogh: «Penso que tudo o que é verdadeiramente bom e belo, dotado de beleza interior, moral, espiritual e sublime, nos homens e em suas obras, vem de Deus; e que tudo o que há de mau nas obras dos homens e nos homens não vem de Deus, e o próprio Deus não o considera bom»[6].

---

5 Mais concretamente, à beleza do bem dedicaremos uma seção particular. A beleza da verdade aparecerá em pelo menos três seções desta segunda parte: em "A arte da palavra", "A pregação da beleza" e, sobretudo, "A beleza pessoal como resposta amorosa ao Criador".

6 Van Gogh, *Cartas a Theo*, julho, 1980. Citada por J. Plazaola, *op. cit.*, p. 613.

A beleza do cosmos
e do homem

A beleza da Criação

Comecemos por observar novamente o céu. Com calma. Sem pressa. Deixemo-nos conquistar por seu tom azul-claro ou escuro, ou por quando combinam-se os tons de laranja, vermelho e amarelo no cair da tarde; ou por seu cinza plúmbeo, com os flocos de neve caindo lenta e silenciosamente no inverno, formando um manto branco cada vez mais espesso; ou, ainda, pelas estrelas que brilham em uma noite limpa de verão. As múltiplas formas da mesma lua, ou mesmo certos planetas, continuam sendo um espetáculo grandioso, um presente da natureza a muitos olhares. O mesmo Immanuel Kant o admitia quando, em sua *Crítica da razão prática*, afirmava: «Duas coisas enchem o ânimo de uma admiração e uma veneração sempre renovadas e crescentes (...): o céu estrelado sobre mim e a lei moral dentro de mim».

Passemos a outros elementos naturais, como a água, que pode cair como uma cascata, romper qual uma onda à beira da praia, ser ágil como a correnteza de um rio, calma e espelhada quando num lago, furiosa e indomável em plena tempestade. Ou, ainda, os diversos minerais e tipos de pedras, rochas etc. O que dizer da beleza que nos apresentam um diamante bruto, o brilho do ouro ou a assombrosa formação das pérolas depois de sucessivas camadas de nácar?

Também é possível encontrar muita beleza pela observação do reino vegetal. Deixemo-nos saturar pelas belas paisagens outonais, quando a natureza enfim veste-se de ocre e grita os seus vermelhos, amarelos, dourados — um sem-fim de tonalidades castanhas e verdes de difícil descrição...

Desviemos, ainda, a nossa atenção a algumas das maravilhas do reino animal: a corrida do guepardo, a força do elefante, o trabalho das formigas ou abelhas, o tecer da aranha.

Em suma, em muitos dos elementos do cosmos, bem como dentro de cada um de seus reinos, podemos identificar *claritas*, perfeição e harmonia suficientes para que nos perguntemos: de onde vem tanta beleza? Quem a criou? Uma breve pesquisa na Wikipedia revela que existem atualmente 1.729.000 espécies de seres vivos e que, a cada ano, são descobertas milhares de novas. É um número realmente impressionante!

Diante desse cenário, já desde os tempos mais antigos o homem vem se perguntando qual seria a explicação para tanta harmonia na configuração e nas leis do universo, de tanta beleza natural. «A partir da grandeza e da beleza das criaturas se conhece, por analogia, o seu autor» (Sb 13, 5). Santo Agostinho dizia: «Interroga a beleza da terra, interroga a beleza do mar, interroga a beleza do ar, difusa e diluída, interroga a beleza do céu, interroga a ordem das estrelas, interroga o sol, que com o seu esplendor ilumina o dia; interroga a lua, que com o seu clarão modera as trevas da noite; interroga os animais que se movem na água, que caminham na terra, que voam pelos ares: almas que se escondem, corpos que se mostram; visível que se faz guiar, invisível que guia. Interroga-os! Todos te responderão: Olha-nos, somos belos! A sua beleza fá-los conhecer. Quem foi que criou esta beleza mutável, a não ser a Beleza Imutável?»[1]. O visível chama e conduz ao invisível. A criação não é muda. Fala, se somos capazes de escutá-la. Convida-nos a dar o passo de cada um desses fenômenos até a sua fundação.

---

1   Santo Agostinho, *Sermão* CCXLI.

A beleza do cosmos e do homem

Quando perguntaram a Henry Fabre, considerado por alguns o melhor observador da história e autor dos dez volumes dos *Souvenirs entomologiques*, se ele acreditava em Deus, respondeu: «Não. Não tenho necessidade de crer em Deus; vejo-O por todos os lados»[2]. No mesmo sentido, André Gide chegou a afirmar: «Não crer em Deus é muito mais difícil do que se pensa. Pois, logo de início, para consegui-lo, é absolutamente necessário abster-se de observar a natureza e refletir sobre o que vemos».

Por fim, não há dúvidas de que, por meio da criação, chega-nos uma voz — às vezes como um «grito» — a dizer-nos que há algo-alguém acima de toda essa beleza visível. Lua e sol, céu e estrelas, mares e rios, plantas e animais revelam apenas parte de uma realidade que se descortina rumo a outra mais profunda. Sua beleza remete a algo que está além delas mesmas, mas não a revelam. Neste sentido, a beleza do universo nos convida a «nos elevarmos». Bento XVI comentava que, assim como os Reis Magos, guiados por uma estrela, chegaram a Cristo, também nós, «na beleza do mundo, em seu mistério, sua grandeza e racionalidade, não podemos deixar de ler a racionalidade eterna e não podemos deixar de nos deixar guiar por ela até o único Deus, Criador do céu e da terra»[3]. Por isso disse lindamente Simone Weil: «A beleza do mundo é o sorriso cheio de ternura que Cristo nos dirige através da matéria»[4].

O mundo não se criou a si mesmo — seria absurdo achar que toda essa beleza existe desde sempre. Da mesma forma, também não é muito defensável afirmar que tudo é fruto do destino. «Pressupor seriamente que toda a harmonia do universo e todas as leis complexas da natureza são fruto do destino seria como pensar que as andanças de Dom Quixote de la Mancha escritas por Cervantes poderiam surgir completas se reuníssemos ao acaso letrinhas de uma panela de sopa» (A. Aguiló). Se, na areia da praia ou do deserto, encontramos um castelo, não nos ocorre afirmar que foram o ar e a areia, sozinhos, que

---

2 Aa. Vv., *Grandes vidas. Grandes feitos*. Seleções Reader's Digest, 1966, p. 73.

3 Bento XVI, *Homilia*, 6 de janeiro de 2011.

4 S. Weil, *A la espera de Dios*, Editorial Trotta, Madri, 1993, p. 102.

o construíram. «A arte não é um provocador de ilusões, mas um dom superior que, queira-se ou não, nos conduz pela mão a essa misteriosa margem de onde os lampejos da beleza não podem provir senão das profundezas do ser»[5].

Aqueles que ainda pensam no destino acreditam que a matéria é simplesmente matéria cega, cuja forma é tão caprichosa como a das nuvens, e que as leis da natureza são puras regularidades suscetíveis de serem modificadas pela inteligência e vontade humanas. Quem pensa assim, no entanto, não se dá conta de que aceitar o domínio da casualidade sobre a casualidade pressupõe uma fé muito mais surpreendente do que a que afirma a existência de Deus.

A pessoa: uma palavra que Deus pronuncia sobre Si mesmo

Ao abrir o primeiro livro da Bíblia, o Gênesis, não encontramos o acaso. Ele nos conta, ao contrário, como as diversas realidades são trazidas à existência pela palavra divina: Deus diz que existam, chamando-as à existência, e as coisas e os seres passam a existir. Deus diz «faça-se», e elas se fazem. E só. Deus cria tudo com sua palavra, inclusive o homem e a mulher.

Entre todas as criaturas, ao ser humano corresponde o grau mais alto de perfeição ontológica e, portanto, a máxima beleza natural. Trata-se do ápice da criação, o topo de tudo: «Por sua vontade é que nos gerou pela palavra da verdade, a fim de que sejamos como que as primícias das suas criaturas» (Tg 1, 18). Agora, vejamos: você é apenas um conjunto de células bela e milagrosamente ordenadas? Onde está realmente a sua beleza, e por quê? Para nos referirmos à beleza pessoal, devemos contemplar a pessoa inteira, além de suas proporções físicas (ao contemplar a perfeição do corpo humano, poderíamos dizer o mesmo que acabamos de afirmar sobre outros seres vivos: seus mecanismos de crescimento e defesa, o potencial de um gene,

---

5   J. Plazaola, *op. cit.*, pp. 577-578.

de uma célula, a própria estrutura do olho etc. são... inacreditáveis!), e vê-la no exercício de sua liberdade, lutando para fazer o bem, com ânsias de infinito, de verdade, com a possibilidade de entregar a vida pelos demais, de compartilhar; com sua imensa capacidade de ser amado e de amar... Cada pessoa é única, irreproduzível. Ao criar cada uma, o Criador destruiu o molde. Somos as «obras-primas» de Deus ou, como diria Santo Irineu, «a glória de Deus».

O relato do Gênesis nos ajuda a aprofundar essas perguntas quando prossegue: «E Deus disse: "Façamos o homem à nossa imagem e semelhança"» (Gn 1, 26). Isso quer dizer que, assim como ao restante da criação, Deus também nos chamou à existência, nos criou por um chamado[6]. Porém, diferentemente do restante, fê-lo à sua *imagem* e *semelhança*. A interpretação destas duas palavras não foi unânime ao longo dos séculos. Certos autores defendem que fazem referência à liberdade; outros, à transcendência; há até os que veem, no relato bíblico, que Deus se refere ao modo como devemos governar a terra, ou seja, fazê-lo como Ele faz. Nós — e em consonância com muitos autores — identificamos esta expressão com a capacidade humana de dialogar e, mais concretamente, com a capacidade de nos dirigirmos a Deus em relação pessoal.

Essa imagem e semelhança nos revela, portanto, que somos capazes de Deus, de nos voltarmos a Ele, de falar com Ele, de entendê-lO e sermos compreendidos. Como diria São João Paulo II, abre-se a possibilidade de nos dirigirmos a Deus como a um «tu», de podermos estabelecer com Ele um verdadeiro diálogo. Noutras palavras, quando Deus nos chama à existência, nos transforma em seu tu. E o Evangelho confirma este parecer ao revelar-nos Jesus Cristo como Palavra encarnada do Pai (é por isso que se diz que a fé cristã nos chega, em primeiro

---

6   «O homem, em virtude de sua própria estrutura ontológica, é um ser que fala e que responde. Não é apenas capaz de ouvir a linguagem das coisas em seu surgimento diferenciado do silêncio que as envolve, de penetrá-las com a sua própria razão e de dar-lhes o nome apropriado; também está em condições de escutar a palavra das coisas como elementos de um discurso dirigido a ele (como vimos anteriormente) e do qual ele mesmo, precisamente com a razão que põe em marcha deste modo, é um elemento» (H. U. von Balthasar, *El todo en el fragmento*, Ediciones Encuentro, Madri, 2008, p. 241).

lugar, pelo ouvido; no hino *Adoro te devote*, São Tomás declara que «basta o ouvido para crer com firmeza»). No início do Evangelho de São João, lemos: «No princípio era o Verbo, e o Verbo estava junto de Deus e o Verbo era Deus» (Jo 1, 1). Verbo, *Logos*, Palavra. Fomos criados à imagem e semelhança do *Logos*; Ele é o nosso modelo. Por isso afirmamos que o homem é uma palavra (a imagem e semelhança do Filho) que Deus Pai pronuncia sobre si mesmo. Somos seres «pronunciados» por Deus[7]. Trata-se de um modo divino de criar-nos, sumamente belo e sugestivo — um modo que nos revela e que faz pensar que a dimensão essencial de nosso existir tem mais a ver com a nossa capacidade de «reconhecer», de «contemplar», de «confiar», de «escutar», de «acolher» e de «receber» do que com «fazer», «fabricar», «executar», «conseguir» etc.

Essa afirmação é extremamente rica e profunda. A identificação das verdades que encerra e do que elas pressupõem para a nossa existência é esclarecedora o suficiente também quando se trata de saber de onde irradia a nossa verdadeira beleza.

Em primeiro lugar, por exemplo, ela mostra que o nosso fim está arraigado nesse outro tu — em Deus e nos demais como imagens dEle. Assim como com as demais criaturas, nossa razão de ser não se encontra em nós mesmos, mas no outro. Não nos damos o ser. Não decidimos existir. Porém, diferentemente das demais criaturas, o alcance de nosso fim depende de nossa liberdade. Com ela devemos levar a nossa natureza à plenitude, e não só permitir que sejamos levados por ela (como fazem todas as outras criaturas). Somos livres para levar a termo o nosso objetivo ou para nos afastarmos dele.

Em segundo lugar, e também diferentemente do restante da criação, Deus nos chama pronunciando o nosso nome. Chama-nos por nosso nome definitivo e eterno (no Gênesis conta-se que é o homem aquele que nomeia todas as outras criaturas). «Eu te chamo pelo nome, és meu» (Is 43, 1). O nome é coisa que pronunciamos com tanto mais admiração e afeto quanto maior o carinho que temos por alguém. Além disso, Deus pronuncia o

---

7   Cf. *Ibidem*, p. 245.

nosso nome amorosamente, sobretudo «porque Deus é amor» (1 Jo 4, 8)[8]. Seu chamado é essencialmente amoroso porque Ele é assim. Somos chamados ao amor, podemos e devemos amar; mas Ele é Amor. Ou seja, todo amor que podemos receber ou dar encontra nEle a sua origem, a sua fonte. E só podemos oferecer esse amor porque, antes, Ele o confere a nós.

Deus não só quis me criar, mas criou-me porque me amou (e segue amando). Seu chamado é amoroso no princípio e no fim, em tudo: fui amado pelo Amor, criou-me para amar. Como observava Joseph Ratzinger em *Deus e o mundo*: «Antes de mim há um conhecimento, uma ideia e um amor que constituem o fundamento de minha existência. A qualquer pessoa, a primeira coisa que dá importância à sua vida é saber-se amada. Quem se encontra em situação difícil resiste se sabe que alguém o espera, que é desejado e querido. Deus está aqui primeiro e me ama. Este é o firme propósito sobre o qual se acomoda a minha vida e a partir do qual eu mesmo posso projetá-la».

Eis por que a fé nos diz que cada ser humano não é apenas fruto de uma união de células masculinas e femininas, mas sobretudo uma amorosa intervenção divina. Ninguém nasce se não for do desejo de Deus. Nenhum homem foi fruto do destino, nem (no melhor dos casos) somente do amor humano. O essencial, o que realmente importa, é Deus ter desejado que fôssemos seus. Somos frutos de Alguém que assim o quis, que nos amou e nunca poderá deixar de nos amar.

Isso é imensamente belo e incrível — o fato de que Deus tenha pensado em nós, de que nos tenha conhecido (não se pode amar o que não se conhece), de que nos tenha amado como alguém

---

8   Compreendamos bem: Deus nos dá o nome, não no-lo impõe. Segundo a lógica, se Deus criava seres destinados ao amor, deveriam ser necessariamente livres. Não se pode amar por necessidade ou à força: o amor exige liberalidade, liberdade. Por isso Deus não nos obriga a nos chamarmos assim, mas dá-nos o nome como identidade e como meta porque é o nome que devemos levar conosco até o fim de nossa existência, com a nossa vida (ainda que possa acontecer de não o fazermos, e então nos apresentaremos diante dEle com um nome falso e receberemos como resposta: «Não vos conheço!» [Mt 25, 12]). A liberdade nos foi dada para amar, ou seja, para acertar e executar, ao longo de nossas vidas, a missão que Deus nos concedeu e que quis deixar evidente, no momento de criar-nos, ao pronunciar o nosso verdadeiro nome. Deste modo, a resposta à própria vocação não é apenas um ato livre, mas, de certa maneira e a seu tempo, um ato que configura a própria vocação.

que deseja travar um diálogo eterno de amor, no qual podemos participar de toda a sua bem-aventurança, de sua vida, dessa felicidade imensa e sem fim que Ele é e na qual, portanto, vive. Deus não nos criou por necessitar de nosso amor, mas para nos fazer participar dele. Noutras palavras: Deus estava tão bem que, sem qualquer necessidade de sua parte, decidiu criar o homem para que também o homem conhecesse esse mesmo estado.

Toda pessoa sente a necessidade de ser conhecida e amada, bem como de conhecer e amar os outros. Existimos graças a um tu, e nossa realização como pessoas, o que irá determinar o sucesso ou fracasso de nossa existência, está nesse tu — mas um Tu com letra maiúscula. Diria Aristóteles que somos mais do que seres sociais por natureza; necessitamos dos outros não apenas para crescer e nos desenvolvermos fisicamente, como também para ser, para alcançar a própria plenitude, o nosso fim.

Precisamos de que os demais nos compreendam, nos aceitem, nos amem. Ao mesmo tempo, precisamos conhecer, compreender e amar os demais. É por isso que São João Paulo II insistia em lembrar a cada um e cada uma: «Entenda de uma vez que, seja quem for, você é amado». Nesse sentido, «talvez a maior crueldade — o maior desamor — seria não ganharmos um nome, nunca, de ninguém, pois isso consistiria em não sermos reconhecidos como valiosos em nossa existência»[9].

Eis por que a palavra é a expressão máxima do homem, onde se dá a conhecer essencialmente a dimensão humana que melhor reflete o que ele é e que, de alguma forma, encontra-se presente em todas as demais dimensões[10]. Podemos até mesmo dizer que o homem vale o que vale a sua palavra. A. Ruiz Retegui afirmava que «as situações relacionais humanas de nível mais alto (im-

---

9   J. R. García-Morato, *Criados por el amor, elegidos para amar*, Eunsa, Pamplona, 2005, p. 19.

10   «Se Cristo é, em todos os estágios de sua vida terrena, a Palavra plenamente válida procedente de Deus — não apenas quando anuncia publicamente a sua mensagem, mas também quando conversa com os indivíduos; não apenas quando deixam por escrito sua palavra, mas também quando ela se perde sem que ninguém a escreva; não apenas quando fala, mas também quando cala ou reza —, então a existência cristã se revela apta a servir a Deus como linguagem em todos os seus aspectos, "com exceção do pecado" (Hb 4, 15)» (H. U. von Balthasar, *El todo en el fragmento*, p. 256).

possíveis sem a comunicação, sem a palavra) têm uma beleza qualitativamente maior do que as obras de arte mais elevadas»[11]. A palavra se situa, assim, no cume das diversas dimensões que configuram a existência humana e, mais do que qualquer outra realidade, afigura-se como o curso adequado para a verdadeira beleza.

Ferdinand Ebner, pai do personalismo dialógico, afirma que as duas atividades básicas do ser humano são a palavra e o amor. O amor, sobretudo, é algo que se diz, é palavra de Deus que nos pronuncia, que nos chama. Deus é Amor. Cristo, a Palavra do Pai. E, se «o Verbo se fez carne», como vimos dizer São João, fomos originados nas entranhas de Deus. O Espírito Santo é o que torna possível que entendamos e queiramos isso. «O amor confere à palavra sua máxima categoria», afirmava Ebner.

Falar em diálogo neste contexto equivale, em certo sentido, a falar de amor — do mesmo modo como Deus não pode falar sem amar. Em Deus, diálogo e amor se fundem. O amor é palavra de Deus que nos concede o nome, que nos chama e sustenta no ser.

Assim como o homem está no topo de toda a criação, o diálogo é aquela atividade que, em certo sentido, culmina e embebe todas as outras dimensões humanas. Precisamos de muito mais energia para orientar, para conduzir, convencer e consolar alguém, ou seja, para transmitir através do diálogo, do que para mover objetos pesados. Além disso, se a fé cristã — como já apontamos — vem sobretudo pelo ouvido, para facilitar a *via pulchritudinis* seria conveniente refletir sobre o diálogo em qualquer uma das diversas dimensões que envolvem a nossa existência — e que, simplificando as coisas, poderíamos reduzir a cinco. Da «menos importante para a mais importante» (com o que queremos dizer simplesmente que as primeiras são condições de possibilidade das últimas), seriam elas: a dimensão biológica-corporal-sexual, a econômica-laboral, a formativa-cultural, a amistosa-familiar e a dialógica-religiosa.

Nossa vida transita por cada uma, e não fazemos, pensamos, dizemos, percebemos se algo acontece à margem de-

---

11 A. Ruiz Retegui, *Pulchrum*, p. 66..

las. Descritas de maneira bastante superficial, poderíamos dizer que o asseio, o *cooper* para manter-se em forma, uma intervenção cirúrgica, uma dor de cabeça e tudo o que esteja diretamente relacionado com o cuidado do corpo e da saúde são atividades abarcadas pela primeira. Na segunda nos encontraríamos com os momentos de trabalho, os negócios etc. Tudo o que está relacionado com o exercício de determinada profissão, por exemplo, parece extraordinariamente belo para quem se sente vocacionado a ela. A terceira abarcaria tudo quanto está relacionado com as leituras de tipo formativo, com as festas, as ações sociais etc. Quando celebramos as festas, dançamos e declamamos poemas, comportamo-nos como indivíduos de uma cultura no exercício dessa dimensão. A quarta inclui o que se refere às relações familiares, ao cuidado e educação dos filhos, ao tempo dedicado à família, aos amigos. Por exemplo, quando conhecemos alguém, o olhar não se detém em sua percepção corporal, mas consegue chegar ao amigo, ao cônjuge, em sua condição verdadeira e única. Assim, de seu rosto, do som de suas palavras, transborda uma beleza com a qual ele comunica amor — amor conjugal ou de amizade[12]. Na quinta categoria estariam aquelas atividades que se referem diretamente a Deus, como falar com Ele (o que costuma-se chamar de oração), adorá-lO, receber os sacramentos etc.

Se mencionamos o termo «diálogo» ao lado de Deus nesta quinta e última dimensão, não é com a intenção de excluí-lo das quatro dimensões anteriores. Elas também são dialógicas. O diálogo pessoal as enriquece, embeleza, permeia, humaniza. Quando dialogamos, além de conhecer assuntos, damo-nos a conhecer a nós mesmos. Por isso apenas o citamos expressamente na «mais elevada», pois, como o chamado criador nos revelou, trata-se do fundamento e do fim de todas. Essa afirmação pode nos ajudar a perceber mais claramente o que antes dizíamos: como diálogo e amor, palavra e caridade se «fundem». Quando, portanto, esse diálogo dirige-se a Deus, ao concluir atividades de quaisquer dimensões o homem também está exercendo a

---

12   Cf. H. U. von Balthasar, *El todo en el fragmento*, p. 38.

sua vocação, vivendo a vida como resposta ao chamado criador — uma resposta que deveria ser, acima de tudo e em tudo, amorosa. Vejamo-las.

A beleza pessoal como resposta amorosa ao Criador

A partir do raciocínio anterior, fica fácil deduzir que, se fomos criados por meio de um chamado, nossa existência tem como finalidade uma resposta. A vida humana, qualquer vida humana, não é algo inútil, não é um mero transcorrer das horas sem fim nem sentido. O tempo, que tem um «caráter» de resposta, nos foi dado para descobrirmos esse chamado criador e para respondermos livremente a ele. A isso costuma-se denominar vocação (que vem de *vocare*, chamar). Nela se «esconde» o porquê e o para quê de cada vida humana. «O homem, para salvar-se, deve fazer de si mesmo (e, consequentemente, do mundo em sua totalidade, que se salva nele) uma resposta. Para afirmar-se a si, para chegar à plena consciência de si, deve ser uma resposta a Deus de acordo com o fato de ter sido criado e interpelado por Ele no amor»[13]. Os homens não respondem ao dever, mas a um chamado pessoal de Deus.

Assim, a primeira manifestação do sentido não acontece por argumentos, mas mediante o amor. E esse amor, pelo qual fomos criados, necessita ser correspondido. Sem resposta, a nossa existência perde o seu sentido, enquanto com ela seremos e nos conheceremos do mesmo modo como somos e nos conhecemos no diálogo com os demais. Porque, como afirmava Romano Guardini, no fundo «minha pessoa humana não é nada mais do que a maneira como Deus me chama e o modo como devo corresponder ao seu chamado».

É verdade que somos capazes de manter um diálogo em cada uma dessas dimensões: por exemplo, com o médico, o farmacêutico ou o fisioterapeuta, no nível biológico-corporal; com o

---

13   H. U. Von Balthasar, *El todo en el fragmento*, p. 246.

nosso patrão, no nível profissional; com o professor, o mestre ou o autor de um livro, no nível formativo; com nossos pais, amigos, filhos, cônjuge etc.; mas também é verdade que nenhum deles chega a nos satisfazer plenamente, a esgotar essa ânsia radical por sermos compreendidos e amados. Temos uma fome infinita de amor, de sermos *plenamente* compreendidos e amados, sem reservas ou condições, e isso é algo que apenas Deus pode nos proporcionar. Apenas Ele, Amor sem lacunas, Aquele que nunca decepciona, pode nos dar a felicidade plena.

E, se antes afirmávamos que falar em diálogo nesse contexto era equiparável, em certo sentido, a falar de amor, do mesmo modo como Deus não pode falar sem amar, a resposta que Ele nos pede — como já antecipamos — deve ser essencialmente amorosa: responder com amor ao Amor. Trata-se de um amor que encontra seu exemplo e modelo no amor de Cristo: Palavra encarnada, que se entregou plenamente (até a morte de cruz) à vontade de seu Pai. Toda a nossa vida — assim como a de Cristo — é chamada a transformar-se, dependendo de nossa liberdade, em resposta ao Pai. Aqui encontra-se o nosso desenvolvimento e a nossa realização mais plena ou, noutras palavras, o triunfo ou fracasso de nossa existência.

Por isso é lógico concluir *que a principal fonte da beleza pessoal está na resposta amorosa ao Criador*, da qual deriva a nossa verdade mais completa, o nosso bem mais pleno. Ou seja, para além da beleza que pode emanar de um corpo «perfeito e cheio de saúde» (primeira dimensão), de uma conta corrente vultuosa e um grande prestígio profissional (a segunda), da sabedoria humana (a terceira) e daquela que cresce ao nos tornarmos parte de uma grande família ou nos vermos rodeado de amigos autênticos e numerosos, é nessa resposta (que pertence propriamente à quinta dimensão, mas que — como já dissemos — penetra traspassa e preenche todas de sentido) que encontramos a fonte da verdadeira beleza. Esta é a que enche de beleza a nossa vida e dá glória ao nosso Criador. Insistimos: nossa união com Deus é o que mais nos aperfeiçoa e embeleza; é nela que nos conhecemos e nos realizamos plenamente, onde alcançamos a nossa plenitude. Pois, «se a vida não tivesse por fim dar glória a Deus, seria desprezível; mais ainda: detestável»[14]. Amar é dar-Lhe glória — e, como consideraremos adiante, glória é beleza.

Deste modo, a resposta pessoal não é somente um termômetro da beleza, mas também um bom indicador para se conhecer o autêntico valor de qualquer pessoa. As coisas mais importantes de nossa existência não se dão a conhecer por meio de informações abstratas e raciocínios complicados, mas por meio do diálogo amoroso e confiável. Por isso o *pulchrum* mais suntuoso é aquele que brilha nas situações humanas onde a verdade e o bem são especialmente intensos. Neles, mais que em qualquer obra de arte, ele resplandece com maior intensidade.

Esta beleza que agora abordamos, como anunciávamos, é a que vemos personificada em Cristo e, mais concretamente, em sua resposta plena ao amor do Pai (que desenvolveremos na terceira parte). Nela está o *quid* de nossa existência: existimos para corresponder ao amor que Deus nos manifestou ao nos criar (e nos conservar na existência) — amor que nos demonstrou enviando seu Filho ao mundo para morrer por nossos pecados. Existimos para amar a Deus e, por Ele, às demais criaturas e coisas criadas. Neste sentido, os santos são acima de tudo pessoas que têm palavra, pessoas que, com sua vida, responderam amorosa e plenamente ao amor divino. É neles que (como também veremos com mais detalhes) poderemos encontrar mais *claritas*, fruto do resplendor de toda a perfeição e harmonia pessoais. A mais alta beleza pessoal depende da capacidade de amar, da quantidade e da qualidade do amor.

Assim como falávamos da existência de diversas belezas no início desta segunda parte, também agora podemos afirmar a existência de diversas respostas; não apenas porque o amor admite graus, mas também porque a verdade é que Deus nos chama continuamente. O chamado criador, assim como a nossa possível resposta, não pertence ao passado, ao ontem. A nossa existência consiste em sermos continuamente nomeados por Deus. Deus não deixa de chamar-nos e busca em nós uma resposta constante. Como dizia J. H. Newman, cada

---

14 *Caminho*, n. 783.

homem se encontra «em estado permanente de chamado». Ele não nos abandona nem quando, voluntariamente, queremos desprezá-lO ou ignorá-lO. O chamado divino é permanente e para sempre: é definitivo. Ele não muda nem se «cansa» de nós. Deus nos chama uma vez e sempre.

É verdade que, conceitualmente, podemos distinguir o chamado criador desses muitos *outros* chamados que Deus nos envia ao longo de nossa existência terrena. Estes seriam como pedidos concretos que, envoltos pelo primeiro chamado, lembram-no e concretizam-no, exigindo o seu exercício aqui e agora. Por isso, de nossa parte, há respostas e respostas. A primeira teria por objeto esse chamado criador de Deus, ao que chamávamos «vocação», enquanto os segundos, terceiros etc. chamados reforçariam, confirmariam, prolongariam no tempo, *enchendo de conteúdo* (pelo exercício da virtude da fidelidade), essa resposta inicial. Noutras palavras, o «Tu és meu» de Deus não tem data de validade. Ele não se cansa de nos lembrar: «Pode uma mulher esquecer-se daquele que amamenta? Não ter ternura pelo fruto de suas entranhas? E mesmo que ela o esquecesse, eu não te esqueceria nunca» (Is 49, 15).

Isso é assim porque a nossa resposta não tem a mesma densidade da resposta angélica, esses espíritos puros que, estando fora do tempo (ao menos de nosso tempo), pronunciaram um *serviam* ou *non serviam* para sempre. A nossa resposta deve desdobrar-se no tempo. Cada uma é, portanto, como uma *parte* na qual se encontra o *todo* (da vida). Unida às demais respostas, cada uma é como o último ato que reinterpreta todas as anteriores. Por isso a nossa vida tem uma estrutura narrativa; por isso é biográfica; por isso pode ser contada como uma história que tem sentido (sobre esse particular voltaremos mais adiante ao tratar da *arte da palavra*).

Por fim, em cada resposta, por mais insignificante que pareça — porque o homem é um —, está compreendida a minha grande resposta, a minha vocação. Podemos considerar as sucessivas respostas ao longo da vida assim como são: expressão e critério para mensurar a autenticidade de nossa vocação. Podemos dar a Deus em determinado momento uma resposta

A beleza do cosmos e do homem

plena, mas isso é algo que deveremos atualizar e concretizar continuamente enquanto ainda tivermos tempo nesta terra.

Por conseguinte, a nossa existência é bela porque se vai desdobrando nessa dinâmica entre seus chamados e nossas respostas. A rigor, seu chamado é apenas um e sempre o mesmo, amoroso, pleno, destinado à felicidade — ainda que, sob o nosso ponto de vista, apareça diferente, descolado do tempo. Às vezes é claro; noutras, nebuloso. Para Ele, no entanto, é sempre nítido. Ele tem um único projeto para cada homem, e esse seu querer já está completo, terminado, no próprio chamado criador. Deus sempre nos contempla «a partir do fim».

O agere: a beleza do bem

Se continuamos a ler o Gênesis, vemos que, depois da criação, Deus confirma que tudo o que criara era bom e belo. Desta maneira revela-se para nós, desde o primeiro momento, a relação entre os dois transcendentais que logo caracterizariam — como já apontamos — os clássicos[15].

Platão, por exemplo, escreve: «A potência do Bem se refugiou na natureza do Belo[16]». E Aristóteles destaca em sua ética que, para que o bem faça-se visível, é necessária a educação na virtude, já que somente o homem virtuoso pode perceber a beleza no que é realmente bom. Para ele, «a vida do homem adquire sua verdade por meio de suas ações, numa verdade prática que não é outra coisa senão o alcance de sua perfeição, do próprio fim; tal verdade, a vida boa e feliz, é ao mesmo tempo seu bem e sua beleza»[17]. «A bondade e a beleza moral [kalokagathía] é,

---

15 Vale notar como também o último livro do Novo Testamento, o Apocalipse, afirma que na nova Jerusalém que descerá do céu resplandecerá a beleza que emerge da glória de Deus (cf. Ap. 21, 10). Ou seja, encontramos a beleza no início e no fim, «envolvendo tudo». Sugere-se, pois, como veremos mais adiante em detalhes, que o caminho do cristão é um verdadeiro caminho de beleza.

16 Platão, *Filebo*, 65a. Para os gregos, «o belo era quase sempre "digno de reconhecimento" ou "meritório", e apenas uma leve sombra de significado o separava do "bem". Nele, Platão incluiu a "beleza moral"» (W. Tatarkiewicz, *op. cit.*, pp. 120-121).

17 I. Yarza, *op. cit.*, pp. 36-37.

pois, a virtude perfeita»[18]. É por isso que no conceito *kaloka-gathía* unem-se ambos os termos: «bondade» e «beleza»[19]. Convém, no entanto, lembrar que «o *kalokagathós* não é apenas o homem honesto que une a beleza e a bondade, mas também o homem de honra. Sua virtude, fundada no equilíbrio e na moderação, tem um brilho especial e se desdobra em ações meritórias que suscitam o reconhecimento de todos. Esta moral da honra é presumida no cristianismo»[20].

Assim, para Santo Alberto Magno a beleza era uma síntese entre o bem e a verdade. Beleza e bem são a mesma coisa no sujeito, mesmo que o belo agregue ao bem o esplendor da forma, aquilo que o faz ser o que é. Nesta linha, São Tomás afirmava que beleza e bondade são a mesma coisa porque fundam-se em uma mesma realidade, que é a forma; por isso o bom é considerado belo, embora o bem diga respeito à vontade e o belo, ao poder cognoscitivo (cf. *S. Th.*, I, q. 5, a. 4, ad 1), e embora produzam uma atração diferente: «Toda realidade percebida como boa é bela e amável, atraente, conatural ao sujeito, mas de maneira diferente»[21].

Como já consideramos ao falar sobre o olhar contemplativo, na beleza de algo percebemos também sua bondade; contudo, não nos vemos atraídos por sua utilidade, ou com afã possessivo. É a contemplação da beleza que nos preenche, e não a sua posse. Ela é independente de qualquer fim que a inteligência possa conceber como meta da ação. Para a estética clássica, ao contemplar algo belo o sujeito experimenta prazer porque as suas capacidades cognoscitivas são satisfeitas pelo que ele contempla.

Por isso dizia São João Paulo II que, «em certo sentido, a beleza é a expressão visível do bem, do mesmo modo como o bem é a condição metafísica da beleza»[22]. Dizer que o bem é a condição metafísica da beleza significa que «sem aquele a beleza não é,

---

18 Aristóteles, *Ética a Eudemo*, VIII, 3, 1249 a 16.

19 Em grego, *kalon* significa «chamar». A beleza exerce um apelo sobre quem a contempla.

20 C. Spicq, *Teología moral del Nuevo Testamento*, vol. I, Eunsa, Pamplona, 1970, pp. 139-141.

21 I. Yarza, *op. cit.*, p. 89.

22 São João Paulo II, *Carta aos artistas*, n. 3.

não existe um tipo de beleza separada do bem. Esta afirmação é uma reivindicação do ser que, pelo próprio feito de ser, há de constituir-se em beleza e bondade»[23]. Em primeiro lugar, a bondade que a beleza reflete é a bondade ontológica; depois, na medida em que o homem desdobra as virtudes que o encaminham a seu fim último, a bondade moral. Vejamos esta última afirmação detalhadamente.

No parágrafo anterior afirmávamos que a principal fonte da beleza pessoal estava na resposta amorosa ao Criador. Como relacionar, então, esta verdade com a beleza do *agere*, do agir moralmente bem, do exercício das virtudes? São a mesma coisa ou estamos diante de tipos distintos de beleza? É o que tratávamos de dizer. A principal fonte da beleza na pessoa é essa resposta amorosa ao chamado criador. Aqui encontra-se a beleza transcendental, ontológica, a que depende de nosso ser mais profundo. Essa beleza, como também apontávamos, se manifestará logicamente nas respostas sucessivas e livres que, ao longo da vida, darão forma ao que de fato fomos chamados a ser.

Nesse sentido, Jesus explicava aos seus: «Que vos parece? Um homem tinha dois filhos. Dirigindo-se ao primeiro, disse-lhe: "Meu filho, vai trabalhar hoje na vinha". Respondeu ele: "Não quero". Mas, em seguida, tocado de arrependimento, foi. Dirigindo-se depois ao outro, disse-lhe a mesma coisa. O filho respondeu: "Sim, pai!" Mas não foi. Qual dos dois fez a vontade do pai? "O primeiro", responderam-lhe» (Mt 21, 28-31).

Mostrava-lhes, assim, que não basta querer ser pontual: é preciso chegar na hora marcada; não basta querer ser sincero, é preciso dizer a verdade ainda que nos cause mal; não basta querer ser organizado, é preciso lutar para concluir o que é importante a cada dia, ainda que seja árduo e difícil e, logicamente, desejemos muito mais fazer outras coisas; não basta querer

---

23   B. Díaz Kayel, «La belleza, umbral del misterio», «Esta noção de unidade entre bondade e beleza permaneceu vigente até Kant, que em sua crítica do juízo estabeleceu uma separação exata entre ambas. Para ele, o juízo estético é um jogo formal, vazio de conceitos, sem nenhum fim externo a si, tampouco no moral. Kant funda, assim, a estética do século XX» (*Ibidem*).

EDUARDO CAMINO | A Deus pela Beleza

passar em um concurso, é preciso levantar da cama a cada dia e tentar memorizar apostilas e livros por meses e anos a fio; por fim, não basta querer ser bom, é preciso ser realmente bom (e querer parecê-lo). As boas ações, as virtudes, são como o motor, o «disco rígido», o essencial que nos vai formando a nós mesmos. «Nem todo aquele que me diz "Senhor, Senhor!" entrará no Reino dos céus, mas sim aquele que faz a vontade de meu Pai que está nos céus» (Mt 7, 21). Não se pode dizer que realmente se ama a Deus ao cometer determinadas ações. «Se me amais, guardareis os meus mandamentos» (Jo 14,15); e, um pouco mais adiante, Jesus insiste: «Aquele que tem os meus mandamentos e os guarda, esse é que me ama. E aquele que me ama será amado por meu Pai, e eu o amarei e manifestar-me-ei a ele» (Jo 14,21). Os santos são canonizados não por seus desejos, mas por seus atos, pelo grau heroico com que amaram, desenvolvendo as virtudes humanas e sobrenaturais.

As virtudes são essenciais. Na beleza do homem bom contemplamos as três características da beleza. Em primeiro lugar, uma perfeição que nos fala da realização do bem em determinada situação, no máximo grau (porque o bem, como sabemos, admite graus) e da melhor maneira possível; uma *harmonia* que se revela na execução de determinada ação com prudência, em seu justo meio — foi realizada no momento justo (o bem perfeito não pode ser concluído a qualquer momento), de modo que está em harmonia com o entorno que a cerca. Quem a executou não se alterou, nem se envaideceu... E, por fim, um *resplendor* que o transforma, pela ação executada, em modelo para os demais e em pessoa atraente, em alguém com quem se tem vontade de estar.

Dito isso, devemos acrescentar outra verdade (sobre a qual não se costuma insistir tanto): que o homem é mais que as suas virtudes, mais que os seus atos. A beleza moral não é a beleza ontológica. Ser filho de Deus tem a sua importância. Com nossas ações, também fazem parte de nosso ser as aspirações, os sonhos, os desejos etc., os quais, mesmo que possamos considerar como ações, em certo sentido não podem ser medidos pela régua da utilidade ou ser percebidos externamente. Muitos não resultarão ou terminarão em virtudes. Não fosse assim, não teriam sentido as palavras de São João da Cruz, o célebre «mais se espera, mais se alcança»; porque o santo diz «espera», e não «consegue». Como compreender, então, a predileção que demonstra o mesmo Cristo ao longo de todo o Evangelho pelos enfermos, pelos pobres, pelas crianças etc.?; aos olhos humanos não são estes *exatamente* os mais «úteis».

Por conseguinte, as virtudes são necessárias, mas não suficientes. A beleza pessoal é «mais» que a beleza moral (assim como somos mais que nossas simples ações), e talvez nesse «mais», nesse além, esteja enfim a nossa salvação. Isso não nos furta de lutarmos a cada dia para estampar a nossa resposta em boas ações e, desta maneira, fazer brilhar as nossas obras frente aos homens (cf. Mt 5, 16).

Por fim, não podemos negar que respondemos a Deus também com nossos desejos (sempre mais vastos do que as obras), com as nossas lágrimas, com os nossos pedidos de perdão, com as nossas promessas, intenções etc. Portanto, a nossa vida, mesmo com todas as boas ações, deve manter a porta aberta ao mistério da graça. O que nos salvará sempre será a misericórdia de Deus; além disso, quanto mais boas obras conseguirmos executar nesta vida, mais saberemos viver de sua misericórdia: os santos são aqueles que tudo esperam de Deus. Na pessoa, a plenitude da forma inclui a graça — a necessita, na verdade, porque sem ela sabe que nada pode[24].

Vemos essa mesma ideia representada em outro transcendental — por exemplo, na verdade, mediante a diferenciação de três tipos dela. Em primeiro lugar, a *verdade ontológica*, aquela que diz respeito a quem somos, aquela essencialmente pessoal, a que vimos revelar-se com a vocação, a que esconde o nome que Deus nos deu. Nela, dizíamos, está o êxito ou o fracasso de nossa existência, uma vez que nascemos para ela. Nela somos ou não somos; nos desenvolvemos ou nos destruímos. Em segundo lugar está a *verdade ética* ou *moral*, com a qual materializamos

---

24 Neste sentido podemos considerar as virtudes como respostas. Vistas assim, pressupõem a graça. Deus sempre está à nossa frente e nos ajuda — nos acompanha — na hora de executar qualquer boa ação. Desta maneira evitaremos cair no voluntarismo e, sobretudo, no desânimo e na desesperança.

esse amor manifesto e descoberto na primeira. É fundamental, pois Deus nos quer filhos, mas filhos santos. Para levar a cabo a vontade do Pai é preciso, em primeiro lugar, crer, mas a fé deve traduzir-se em obras. Não faz sentido ser católico não praticante. Ou se é ou não se é, por mais que possam afirmar o contrário. Em terceiro lugar estão as *demais verdades* — lógicas, matemáticas, geográficas, físicas, atmosféricas etc. — que preenchem as nossas vidas[25]. Como vemos, à medida que escalamos cada um desses degraus, a verdade se faz mais exigente, pede um grau maior de compromisso, afeta mais o nosso ser. Por isso é também mais plena, como mostra a experiência do prisioneiro de Platão que saiu da caverna.

Tentávamos explicar algo parecido em relação à beleza: é preciso afirmar, insistir e animar a viver a beleza do *agere* sem identificá-la com a beleza pessoal.

Glorificai, pois, a Deus no vosso corpo (1 Cor 6, 20)[26]

A resposta pessoal ao chamado criador afeta também o corpo e tudo o mais que se refere a ele: seu cuidado, pudor, asseio, modo de comer, de olhar, de relacionar-se etc. A primeira beleza que é percebida no ser humano é a física, corporal. Ela não exige uma formação muito específica nem o cultivo de muitas aptidões; um simples olhar costuma ser suficiente para percebê-la. É a que resplandece pela perfeição de cada um de seus elementos (principalmente os que formam o rosto), junto com a harmonia e proporção de todas as outras partes: cabeça, tronco, membros. Os estoicos julgavam belo um corpo em razão da relação que a proporção dos membros conserva entre si e com o todo. Trata-se de uma beleza biológica, anatômica, perecível, cujo esplendor

---

25 Ainda que não correspondam exatamente ao que expusemos, lembremos que o mesmo Aristóteles distinguia na beleza vários aspectos: o físico, ético e ontológico.

26 Na redação desta parte, utilizamos sobretudo algumas reflexões de São João Paulo II em seu ciclo de discursos sobre a Teologia do Corpo, em que ele apresenta as linhas gerais de uma autêntica estética da corporeidade humana, estabelecendo critérios valiosos para conciliar ética e estética no terreno da arte.

A beleza do cosmos e do homem

dura apenas alguns anos. A ela refere-se Nicholas Cage, no filme *O vidente*, ao declarar seu amor com as seguintes palavras: «Houve um pintor italiano chamado Carlotti que definiu a beleza. Disse que era a soma das partes trabalhando juntas de modo que não fosse necessário acrescentar ou mudar mais nada. É você. Você é deslumbrante.»

Porém, depois de ter afirmado que a autêntica beleza pessoal procede de uma forma imperecível, é lógico que a beleza do corpo é algo além da soma de alguns elementos materiais. A expressão «o amor é cego» reflete essa mesma verdade: para quem realmente ama, o juízo sobre a beleza física do ser amado é algo secundário. Além disso, no olhar, no rosto, nos gestos, no sorriso, muitas vezes podemos apreciar uma beleza que vai muito além do meramente corporal.

Agora é São Paulo que chama a nossa atenção: «Ou não sabeis que o vosso corpo é templo do Espírito Santo, que habita em vós, o qual recebestes de Deus e que, por isso mesmo, já não vos pertenceis? Porque fostes comprados por um grande preço. Glorificai, pois, a Deus no vosso corpo» (1 Cor 6, 19-20). Revela-nos, em primeiro lugar, que o corpo é sobretudo «templo do Espírito Santo», casa de Deus, lugar onde Deus quer habitar. Daí vem o dever de cuidar dele e, portanto, de «possuir o seu corpo santa e honestamente» (1 Ts 4, 4). Mantê-lo «santamente» é conservar o Espírito Santo, ou seja, fazer o possível para que Ele possa estar pleno e derramar plenamente os seus sete dons. Donde vem o que recordava Santo Agostinho: «Purifica-te; não por ti mesmo, mas por aquele que vem habitar em ti»[27]. Destaca-se assim o caráter fundamental de que manter o nosso corpo limpo e asseado é sobretudo um dom que exige humildade para ser acolhido. «Pois quem leva a Cristo em seu coração conserva limpos os seus sentidos e, com seus desejos, esforça-se para se fazer merecedor do Espírito Santo»[28].

Tanto é assim que o apóstolo, em seguida, nos desvela: «Não pertence a vós», como se nos lembrasse que também com o corpo

---

27 Santo Agostinho, *Comentário à Primeira Epístola de São João*, II, 7.

28 Hino *Iam surgit*.

prestaremos contas a Deus, que com ele responderemos... Com efeito, Deus nos criou alma e corpo e não nos quer por partes, mas por inteiro. Seu chamado criador nos envolve integralmente.

É por isso que, para compreender a pureza e sua beleza, faz-se necessária uma visão integral da pessoa. Cuidar desse corpo não é um feito involuntário para a alma. É preciso dominar-se de todo, alma e corpo, e, desta maneira, fazer resplandecer a beleza.

O corpo responde, pois, conservando e aumentando a sua pureza, mantendo-se casto. «A castidade é a integração conseguida da sexualidade na pessoa, e daí a unidade interior do homem no seu ser corporal e espiritual»[29]. Cristo, nas bem-aventuranças do Sermão da Montanha, coloca os «puros de coração» em relação com a «visão de Deus». Pois não há castidade, mas pureza de coração. É, portanto, de dentro do homem que irradia a verdadeira pureza — em seu coração, que é o mais íntimo, seu centro mais escondido, o lugar das grandes decisões, das grandes respostas, o lugar do verdadeiro encontro com Deus e com os demais. Porque «é do coração que provêm os maus pensamentos, os homicídios, os adultérios, as impurezas, os furtos, os falsos testemunhos, as calúnias» (Mt 15, 19). Confirma-se assim o que dizíamos: que Deus não nos quer por partes. «Meu filho, dá-me teu coração» (Pr 23, 26). Por conseguinte, a castidade faz parte dessa resposta total da pessoa (entendimento, vontade e sentimentos).

Sobre isso, chama a atenção que, depois do encontro com a samaritana no poço de Sicar, depois de ela reconhecer a sua vida maculada diante do Messias, desapareçam «rapidamente» todos os preconceitos religiosos daquela mulher. Seu olhar para reconhecer a Deus e «as coisas de Deus» se esclarece e a faz perguntar aos seus: «Não seria ele, porventura, o Cristo?» (Jo 4, 29).

A pessoa pura é capaz de ver a Beleza e está mais apta a percebê-la. Por isso a promessa do céu: «Bem-aventurados os puros de coração, porque verão Deus» (Mt 5, 8). Assim, «para os puros todas as coisas são puras. Para os corruptos e descrentes nada é puro: até a sua mente e consciência são corrompidas. Proclamam que conhecem a Deus, mas na prática o renegam»

---

29 *Catecismo da Igreja Católica*, n. 2337.

A beleza do cosmos e do homem

(Tt 1, 15ss). Ou seja, essa pureza oferece uma visão que se transmite, que «contagia» as demais dimensões humanas (em certo momento, falamos em «ânimo puro» como uma das aptidões que facilitavam a apreensão do belo).

Além disso, se antes dizíamos que essa pureza facilita ao Espírito derramar seus dons, entre eles destaca-se o dom da piedade, com o qual toda pureza tem uma relação íntima. Quase poderíamos dizer que se exigem mutuamente: a pessoa piedosa, a que respeita o sagrado e que o celebra sobretudo na Eucaristia, tende a ser pura de coração, e os puros de coração (esse «ânimo puro» a que nos referimos) encontram mais facilmente a beleza em tudo quanto se refere diretamente a Deus.

Por isso o corpo humano desnudo significa o dom de uma pessoa a outra; e daí a necessidade de garantir com o pudor o dom e a possibilidade da entrega recíproca. Em contraposição, podemos recordar como, nos campos de concentração ou de extermínio, a violação de todo pudor corpóreo era um método conscientemente usado para destruir a sensibilidade pessoal e o sentido de dignidade humana. O homem que se deixa guiar pelo sentido da dignidade do corpo humano não quer transformar-se em objeto para os outros por meio da própria nudez anônima; tampouco deseja que o outro se transforme, para ele, em semelhante objeto. É isso o que faz a pornografia: viola o direito à intimidade do corpo em sua masculinidade ou feminilidade e, em última análise, o direito à profunda regularidade do dom e da entrega recíproca que está inscrita nessa feminilidade e masculinidade através de toda a estrutura do ser humano. Noutras palavras, quando a impureza deixa as suas marcas em nós, torna-nos egoístas, incapazes de acolher o dom (e aos demais como o que são: dons de Deus, para nós) e de nos entregarmos plenamente. Por isso o homem será mais masculino quanto mais puro for o seu coração; com efeito, quanto mais o seja, mais respeitará, valorizará e amará a mulher. E a mulher será mais feminina na medida em que cuidar dessa mesma pureza que a fará respeitar, valorizar e amar o homem. Somente um coração puro é capaz de amar intensamente, respeitando a pessoa e sua feminilidade ou masculinidade.

Os santos têm essa visão de seus corpos e, por isso, os tratam assim, convencidos dessa dignidade que São Paulo acaba de nos lembrar, conscientes de que não apenas com sua alma, mas também corporalmente, devem glorificar a Deus. Por isso zelam e dominam os seus corpos — para que seja cada vez mais fácil responder ao querer divino.

Isso os leva não apenas a sentir, pensar, desejar, imaginar e ver o que os enobrece em lugar daquilo que os degrada, mas também a conseguir conhecer e controlar os impulsos internos do coração. Jesus quer que o homem exterior saiba ser verdadeiramente homem interior, senhor de si mesmo, guardião de uma beleza superior.

Em última análise, a pureza do coração está na entrega ao amor. «O homem, única criatura sobre a terra a ser querida por Deus por si mesma, não se pode encontrar plenamente a não ser no sincero dom de si mesmo»[30]. Já vimos que nos encontramos e realizamos em um tu, fora de nós mesmos — e mais: na entrega de nós mesmos. Quem é puro de coração permanece aberto à entrega dos demais: o corpo humano está ordenado interiormente à comunhão das pessoas, ao dom do homem à mulher e da mulher ao homem. Daí a íntima e estreita relação da pureza com a filiação divina: ninguém pode se entregar verdadeiramente sem saber de fato quem é, que é filho de Deus. Por meio da pureza o homem presta culto a Deus com seu corpo «em espírito e verdade» (Jo 4, 23), como explicava Jesus à samaritana.

A castidade é um triunfo do amor. Por isso, por maior que seja a sua beleza, ela não é nada sem a caridade, motivo pelo qual se ordena. A pureza de coração dá asas para amar; nasce do encontro de amores: do amor de Deus por nós e de nossa resposta. A pureza não sufoca os desejos e aspirações mais nobres, mas as liberta e, em certo sentido, facilita-as. Desta maneira, possibilita ao homem alcançar a liberdade plena, uma espontaneidade mais profunda e madura do que o mero «deixar-se levar» que, em algum momento, pode nos agradar.

---

30 Cf. Concílio Vaticano II, Constituição pastoral *Gaudium et spes*, 7 de dezembro de 1965, n. 24.

A impureza, ao contrário, nos encerra em nós mesmos, é egoísta e, portanto, feia. Dela faz parte o «olhar para desejar» (que, como já sabemos, nada tem a ver com a contemplação e, portanto, não poderá alcançar a beleza) e o «adultério cometido no coração». «Ouvistes que foi dito aos antigos: Não cometerás adultério. Eu, porém, vos digo: Todo aquele que lançar um olhar de cobiça para uma mulher, já adulterou com ela em seu coração» (Mt 5, 27-28). Libertos os sentidos e as paixões, o homem não chegaria nunca à plenitude do *eros*, isto é, ao impulso do espírito humano em direção ao que é verdadeiro, bom e belo, à famosa e salutar sacudida platônica.

Por fim, a pureza é a glória do corpo humano diante de Deus. Trata-se da glória de Deus no corpo, por meio da qual se manifestam a masculinidade e a feminilidade humanas. P. Claudel explica a J. Rivière a grandeza da pureza, dizendo-lhe que esta virtude o fará «tão reluzente como o sol da manhã»[31]. Pois, certamente, dela brota essa beleza singular que penetra cada uma das esferas da convivência comum dos homens (essas relações interpessoais, essas cinco dimensões da existência que mencionávamos) e que permite expressar a simplicidade e a profundidade, a afabilidade e a autenticidade ímpar da intimidade pessoal. Como num espelho, a imagem de Deus se reflete na pessoa casta e a faz brilhar como alguém livre e feliz.

---

31   P. Claudel, Carta a Rivière de 3 de março de 1907.

O *facere*: a beleza das grandes obras

Quando alguém pinta um quadro, entalha uma escultura, escreve um poema, entoa uma canção etc., está fazendo algo que tem uma dimensão dupla. Podemos ver sua ação a partir do produto final, ou seja, do quadro, da escultura, do poema, ou a partir da pessoa, comparando o que ela era antes e depois de ter concluído sua obra: está melhor? (Em nosso caso concreto, perguntaríamos: está mais bela?) Se, até agora, temos nos referido a esta segunda dimensão, a do *agere*, isto é, a beleza pessoal ou da pessoa como artista de sua própria vida, chegou a hora de passar a contemplar a sua obra: a beleza das grandes obras dentro da *via pulchritudinis*. Van Gogh assegurava: «Busque compreender a última palavra do que dizem os grandes artistas, os mestres sérios, sobre as suas obras-primas; encontrarão Deus ali dentro»[1].

«As obras de arte inspiradas pela fé cristã — pinturas, mosaicos, esculturas, arquitetura, marfins e ourivesarias, obras de poesia e prosa, peças musicais e teatrais, cinematográficas e coreográficas... — têm um potencial enorme, sempre atual, que o tempo não pode alterar e que permite comunicar, de maneira intuitiva e agradável, a grande experiência da fé, do encontro com Deus em Cristo, onde se revela o mistério do amor

---

1 Van Gogh, *Cartas a Théo*, p. 613.

de Deus e a identidade profunda do homem»[2]. Redescobrir, por exemplo, o mistério da vocação a partir da explicação do quadro *A vocação de São Mateus*, de Caravaggio; ou da Criação a partir da Capela Sistina; ou da misericórdia divina em *O filho pródigo*, de Rembrandt; ou contemplar com novos olhos a Paixão diante do Cristo de Velázquez... é passar do fenômeno ao fundamento.

Por fim, dispomo-nos a entrar em uma beleza que nos recordará que a matéria tem múltiplas formas e tira de nós o melhor veio criativo, um veio que se estenderá por diversos âmbitos (literatura, poesia, pintura, música, teatro, cinema, escultura, ópera e muitíssimas outras) encontrando seu único limite na árvore da ciência do bem e do mal (cf. Gn 2, 17).

Quando o artista toma o lugar do Criador: o «novo» problema da beleza

Desde Platão até o Renascimento, passando por Aristóteles, Plotino, Pseudo-Dionisio e o próprio Tomás de Aquino, a reflexão sobre a beleza incluía o cosmos e a própria beleza pessoal, isto é, a do *agere*. A partir de ambas podia-se contemplar tanto um Deus criador, que no primeiro caso nos lembrava continuamente de que somos criaturas suas, como um Deus redentor que respondia plenamente ao Pai, lembrando-nos de que o amor é mais forte e que a nossa beleza autêntica reside em tentar imitar a sua resposta. Deus se manifestava a nós dessa maneira não só por suas obras externas, mas, ao dar a vida por nós, também por seu *agere*.

Portanto, durante todos esses séculos, a reflexão sobre a beleza fez parte da filosofia — em concreto, da metafísica — e a reflexão sobre a arte (sobretudo sobre o *facere*) foi chamada de *poética*. Todavia, tratava-se de uma poética também ligada a Deus. Pensava-se sobre as coisas, refletia-se sobre elas, para, a partir do visível, tentar chegar ao que os sentidos não podiam

---

2   Pontifício Conselho para a Cultura, *op. cit.*

O facere: a beleza das grandes obras

perceber e, no entanto, constituía o fundamento de toda a realidade. Como afirmava Orígenes, toda arte verdadeira vinha de Deus, que é o «artista supremo»: Deus era a suma beleza, e a busca de Deus admitia uma *via pulchritudinis*. Noutras palavras, para todo aquele que acreditasse, a beleza transcendia a estética e o belo encontrava o seu modelo em Deus[3].

Contudo, com a chegada da modernidade, esse modo de pensar foi rompido. Alexander Gottlieb Baumgarten, em sua obra *Aesthetica*, de 1750, foi o primeiro filósofo a empregar termo «estética», e com ele a reflexão sobre o belo passou a concentrar-se no *facere* (nas produções humanas). É esta linha que desenvolverão sobretudo Kant, Hegel, o romantismo, Nietzsche, Heidegger etc. Ou seja, até o século XVIII a beleza era considerada um atributo próprio de muitas coisas e não só, ou principalmente, da arte. Por outro lado, a partir da modernidade, a reflexão filosófica passa a focar nas belas artes[4]. Já não há espaço para uma beleza que não seja artística. É por isso que atualmente todos os tratados de estética são principalmente «teorias da arte», estudando unicamente a beleza dos diversos «artifícios» que o homem é capaz de criar.

Dessa mudança de mentalidade destacamos dois aspectos: o primeiro é o protagonismo do sujeito; o segundo, o poder da natureza. Ambos, porém, sujeito e natureza, apresentam-se separados e sem fundamento. O poder de que o sujeito se apropria o conduz a uma nova maneira de ver a natureza — não como o que ela é, mas como ele a vê. Não é, pois, estranho que, apartado de Deus, o homem tenda a ser visto como *homo faber*, como alguém que faz ou é capaz de fazer (antes de ser visto como o que é). Desta forma, o objeto da estética deixa de ser a beleza e passa a ser a sua percepção por parte do sujeito. O artista tenta ocupar o lugar do Criador, que deixa de ser necessário ou o é somente como pressuposto ou suposição, mas nunca como necessidade vital. Desse modo, se durante séculos o objeto da arte

---

3   Cf. *Ibidem*.

4   Devemos o termo «belas artes», criado em 1747, a Charles Batteaux. Sua teoria das belas artes «restringia-se a afirmar que a característica comum a todas elas era imitar a realidade» (W. Tatarkiewicz, *op. cit.*, p. 50).

foi expressar a beleza, a partir de então a beleza se transformará em uma das opções possíveis do artista.

O homem transformou-se assim em espírito absoluto e, «da analogia do ser, passou à analogia da liberdade. Deste modo, a sensibilidade moderna sentiu com grande força a exigência de deixar a vida do homem em suas próprias mãos; será a vontade, cada vez mais, o princípio orientador da vida dos homens, e não a verdade e o bem presentes na natureza. Assim, o homem adquire os privilégios que anteriormente pertenciam a Deus. Se, antes, o homem racional e virtuoso era aquele que conseguia captar corretamente a realidade, perceber a verdade, o bem e a beleza presentes em si mesmo e nas coisas, bem como orientar a sua vida de acordo com isso, na modernidade será o bom funcionamento da razão — isto é, livre de todo preconceito —, que estabelecerá o que é verdadeiro, bom e belo; a nova perfeição estará, de agora em diante, no sujeito, que deverá estabelecer a verdade, o bem e a beleza sem a interferência de nenhuma autoridade externa»[5].

Para ser mais exato, foram inicialmente os empiristas, reduzindo a beleza à percepção sensível e negando assim a sua universalidade, os que defenderam e favoreceram a subjetividade do gosto. Este deveria livrar-se das regras externas para ser efetivamente percebido pelo indivíduo. A beleza não é inerente às coisas; encontra-se no espectador, que a interpreta de forma totalmente pessoal[6].

Immanuel Kant foi o grande defensor de que a beleza deve ser concebida de acordo com o gosto do sujeito (belo seria o que sem conceito, sem definição, se reconhece como objeto de satisfação, que agrada universalmente). Apartado da metafísica, sem fundamento, o critério para saber se algo é belo passa então

---

5   I. Yarza, *op. cit.*, pp. 95-96.

6   Aprofundemo-nos, pois Tatarkiewicz tem razão quando, referindo-se à estética, afirma: «Acredita-se, geralmente, que a estética foi em suas origens uma teoria objetivista da beleza e que, nos tempos modernos, transformou-se em subjetivista. Esta opinião está equivocada. Já no início da Antiguidade e durante a Idade Média havia uma teoria subjetivista da beleza, ao passo que, durante o período moderno, conservou-se por muito tempo a teoria objetivista. Pode-se dizer, no máximo, que na estética antiga e medieval predominou a teoria objetivista e, nos tempos modernos, a subjetivista» (W. Tatarkiewicz, *op. cit.*, p. 231).

da realidade ao juízo. Não há beleza no bem, nem na verdade, nem na natureza, nem na vida cotidiana — a beleza encontra-se apenas nos museus[7].

Atualmente, como resultado desse corte e redução «modernos», notamos um esteticismo difundido — ou seja, fala-se do belo como valor desligado de qualquer realidade, sem conteúdo ou guia, o que no momento oportuno denominamos relativismo estético: a arte pela arte (*ars gratia artis*). A arte fica à deriva sem nada que a efetive exceto o gosto; qualquer interpretação da beleza ligada ao bem ou à verdade é desprezada ou considerada retrógrada ou «moralista».

Por conseguinte, a *claritas*, a perfeição e a harmonia caem no esquecimento ou, no melhor dos casos, existem apenas nos que dizem vê-las. A arte perde a sua objetividade e, em muitos casos, reduz-se a um pequeno grupo de gnósticos, especialistas que comunicam e tentam explicar aos reles mortais o que é e o que não é belo aqui e agora (porque amanhã pode ser que... seu gosto mude). Julgam tudo sem poder ser julgados por ninguém, e assim o *pulchrum* torna-se facilmente manipulável (não nos esqueçamos de que se trata de um transcendental secundário, ou seja, mais fácil de manipular do que a verdade ou o bem).

Noutras palavras, o artista deixa de ser um artesão que faz algo e transforma-se em um homem culto e educado que explica ao homem comum a beleza que este não consegue perceber. A «arte pela arte» sobe e desce ao ritmo daqueles que ditam a moda. A beleza é um estilo determinado. A *via pulchritudinis* já não é um espelho aberto à transcendência e a Deus, mas um espelho no qual o artista moderno contempla a si mesmo, em que só vê a si mesmo refletido. Ainda que no fundo, e sendo totalmente sinceros, já não é nem o próprio artista que decide o que é ou não é arte, mas o mercado, o dinheiro, como aponta Marcel Duchamp.

---

7 Kant dedicou cada uma de suas três críticas a separar os transcendentais. Em sua *Crítica da razão pura*, tratou de uma verdade separada do bem e da beleza. Em sua *Crítica da razão prática*, de um bem apartado da verdade e da beleza. Por fim, em sua *Crítica do juízo*, de uma beleza sem uma verdade e um bem que a sustentassem. Ora, percebemos nele a necessidade de conferir um caráter objetivo mínimo à sua concepção do belo quando defende que são quatro as características do gosto estético: desinteressado, universal, eterno e necessário.

A arte do artista

Em todo processo criativo há uma centelha do poder criador de Deus e, em todo verdadeiro artista, um «filho da arte», ou seja, um filho do Criador.

Lembremo-nos de Beethoven e da dificuldade de transmitir o que via e sentia a seu ajudante. Recordemos, também, a necessidade de nos formarmos e de cultivar certas atitudes para poder contemplar a realidade «com novos olhos», para nos abrirmos a novas belezas. Pois — como já apontamos — quanto mais intenso é o ato interior de um ser, quanto maior é o seu domínio de si mesmo, mais intensa será sua irradiação externa. A produção é, sobretudo, um ato contemplativo porque a ação não é outra coisa senão a irradiação a partir de si mesmo. *«Conhecer, sentir, saber fazer*: estes são os elementos que todo fazer artístico exige. De modo que uma concepção aberta da arte deveria combinar tecnicismo e intimismo, o clássico e o romântico, o trabalho e a inspiração (...): cabeça, coração e mãos, definitivamente»[8]. Tudo isso junto. Junto, e em sua justa proporção, nos fará iniciar um processo criativo. Analisemos brevemente, passo a passo, esse processo.

O ponto de partida é determinado pela centelha de inspiração (fundamentada no saber) que o Artista divino oferece. É como um esboço, um clarão. É essa centelha que conduz e sustenta todo o processo. «Por isso o artista, quanto mais consciente estiver de seu "dom", mais impelido será a olhar para si mesmo e a tudo o que foi criado com olhos capazes de contemplar e agradecer, elevando a Deus o seu hino de louvor. Só assim o artista pode compreender profundamente a si mesmo, a sua vocação e a sua missão»[9]. Por isso, na hora em que foi ditar o seu «Hino à alegria», vemos um Beethoven inspirado, «libertado e afastado por um instante do sensível; e, embora *embriagado* ou cego pelo visto, faz como um embriagado, surdo a tudo (em seu caso não é força de expressão), às apalpadelas com

---

8   P. Blanco. *Estética de bolsillo*. Palabra, Madri, 2007, p. 23.

9   I. Yarza, *op. cit.*, p. 208.

O facere: a beleza das grandes obras

a matéria que transforma»[10]. Pois todo artista verdadeiro tem consciência de estar a serviço de algo que o ultrapassa, que o transcende. Recordo, nesse contexto, algumas declarações de Montserrat Caballé. A soprano dava graças a Deus pelo dom de sua voz e o fazia com estas palavras significativas (ou outras semelhantes): «Porque tenho ciência de que um dia poderei despertar e... estar sem voz».

«A arte é uma contemplação ativa, é uma ação contemplativa. Não há, portanto, lapso de tempo entre o ver e o fazer, não há hiato, não há projetos ou planos prévios»[11]. É por isso que a centelha deve fluir, crescer e diminuir enquanto se faz. Beethoven transforma, cria, enquanto vê, enquanto sente. Todo artista ilumina a matéria que, sob essa luz, é transformada... uma e outra vez: a cada pincelada, a cada nota, a cada entalhe, a cada verso. Vai se formando... à base das cotoveladas, dos trancos, de esforço, de suor, de trabalho, das tentativas diárias, de escrever e apagar, até que... «agora sim!».

Durante todo esse «tira e bota» (faz anos que aprendi que, para tentar escrever satisfatoriamente, é preciso estar disposto a apagar muito), o artista deve permanecer fiel à inspiração inicial; à natureza da obra (não transformando a matéria como bem entende, mas como deve ser feito); e à técnica (exercida da maneira mais sublime), conjugando essa livre obediência com a inovação e a originalidade. «É este o inevitável compromisso do artista: obedecer e seguir sendo plenamente livre, seguir as regras e modelos anteriores e conseguir ser original, conseguir que a obra seja ela mesma sem deixar de ser ela mesma. Um desafio»[12]. Deve ser autônomo, sem chegar a ser independente. E daí sairá uma nova obra. Cada obra de arte será diferente porque cada alma o é: cada um ama à sua maneira. Mas assim será, sobretudo, porque a Luz é infinita.

Portanto, depois do trabalho e esforço, o artista pode contemplar a sua obra e lembrar que é coisa pouca se comparada

---

10 P. A. Urbina, *op. cit.*, p. 126.

11 *Ibidem*, p. 45.

12 *Ibidem*, pp. 71-72.

ao que sentiu quando a viu. Por isso, mesmo já terminada, para ele estará sempre incompleta. Essa sensação real de incompletude, de sentir-se insatisfeito, recorda-lhe seu papel no conjunto da obra: ferreiro da matéria. Ele é e sempre será instrumento, fazedor. Apenas Deus cria em sentido pleno.

No fim, como cereja do bolo, ficarão os retoques. «Como se uma mãe que acaba de ter um filho tivesse a oportunidade de melhorá-lo (...). [Nesta última etapa, propriamente falando,] o artista já não se comporta tanto como criador, mas como espectador»[13].

É isso. A obra adquiriu vida independente e, por essa razão, deve ser valorizada não só pela intenção do artista, mas também por essas três características objetivas da beleza. Porém — como já dissemos —, também agora o artista pode contemplar-se a si próprio. Não só a matéria foi modificada; ele mesmo mudou com ela (e não apenas como artista, mas também como homem).

Desta forma o homem imita, de certo modo, a criação divina (recordemos como alguns atores falavam do homem a imagem e semelhança do Criador nesse sentido). O artista colaborou com toda a Trindade: continuou a criação do Pai e foi redimido por sua arte com o Filho porque recebeu e transmitiu as inspirações do Espírito Santo. Tudo isso o fez imagem de Deus, já que é a

> imagem do Pai ao conhecer-se a si mesmo. É imagem do Filho ao entregar-se na obra que executa. É imagem do Espírito Santo ao entregar a obra aos demais, que é dar-se a si mesmo aos demais.
>
> Conhecer-se, amar-se e possuir-se ou recordar-se é imagem do Pai. Colocar esse conhecimento numa obra de arte é a imagem de gerar o Filho, e fazê-lo em obediência à lei do ser e do amor é ser imagem do Filho (...). O brilho espiritual do feito que se oferece aos demais é a imagem do Espírito.
>
> Espírito que impulsiona a uma filiação cada vez mais perfeita, a um perfeito amar e adorar ao Pai até a unidade.
>
> Tudo isso, mesmo no plano da semelhança, e não apenas da imagem, forma verdadeiramente a unidade, o *ut omnes unum sint.*
>
> O «somos filhos de nossas obras», de Miguel de Cervantes, faz-se verdade na semelhança, pois já é o Amor quem atua, e não nós

---

13 *Ibidem*, p. 47.

> (cf. Gl 2, 20). Ou seja, o Filho vive em nossas obras como em nós mesmos. E então já é o Uno.
>
> Pois já não é o artista que vive em sua obra, mas o Filho; quando pode dizer «mas já não sou eu; é Cristo que vive em mim» (Gl 2, 20)[14].

Sim, a verdadeira arte sabe transmitir beleza, e o verdadeiro artista é aquele capaz de ler a realidade de maneira sempre nova — nova e bela.

As grandes obras (em especial as de arte sacra)

Quem nunca experimentou, diante de uma obra-prima em forma de canção, de pintura, de filme etc., uma emoção profunda, uma sensação de alegria e de bem-estar? Seria fácil, então, dar-se conta de que aquilo constituía algo mais além das notas musicais, de uma tela ou uma combinação de planos bem encadeados: o que se percebera não chegara só da mera matéria.

O certo é que, durante séculos, muitas destas obras versaram sobre temas religiosos. Era lógico que a fé atuasse como princípio inspirador, como depósito do qual se escolhiam conteúdos, e também como luz que se ilumina diante do olhar do artista. O que há de mais «sedutor» do que tentar capturar o inefável, a própria Beleza? Por meio da assim chamada *arte sacra*, o artista se propunha, com sua obra, a aproximar os homens de Deus enquanto O louvava.

Desta forma, as obras de arte inspiradas pela fé cristã têm grande potencial para transmitir a fé. São uma catequese agradável e colossal que, entrando pelos olhos ou pelos ouvidos, consegue chegar ao coração e abrir a mente. Assim reconhecia Bento XVI:

> Creio que a grande música que nasceu na Igreja serve para tornar audível e perceptível a verdade de nossa fé, desde o canto gregoriano até as canções das catedrais, com Palestrina e sua época, Bach, Mozart, Bruckner e muitos outros. Ao escutar todas essas obras — as *Paixões* de Bach, sua *Missa em Si Bemol* e as grandes composições espirituais da polifonia do século XVI, da escola vienense, de toda a música (inclusive dos compositores menos famosos) —, imedia-

---

14 *Ibidem*, pp. 123-124.

tamente sentimos: é verdade! Onde nascem obras deste tipo está a Verdade. Sem uma intuição que descubra o verdadeiro centro criador do mundo, não se pode nascer esta beleza (...).

Esta é a questão. Na minha opinião, isto é, de alguma forma, a prova da verdade do cristianismo: o coração e a razão se encontram, a beleza e a verdade se tocam. Quanto mais conseguirmos, nós mesmos, viver na beleza da verdade, tanto mais a fé poderá voltar a ser criativa também em nosso tempo e a expressar-se de forma artística convincente[15].

Há alguns anos, por exemplo, foi lançado uma película intitulada *Arte e fé. Via pulchritudinis*. A. Paolucci, que por aquela época dirigia os Museus Vaticanos e foi roteirista do filme, deixou escrito:

Aqui, nos Museus que os Papas de Roma construíram e enriqueceram ao longo de cinco séculos, percebemos o murmúrio da história e, ao mesmo tempo, captamos o sagrado. Nos Museus Vaticanos a glória da arte e da cultura estão a serviço da fé.

Os artistas mais célebres de todos os tempos nos amparam: Rafael nas Estâncias, Michelangelo na Capela Sistina, Giotto, Leonardo e Caravaggio na pinacoteca, van Gogh, Matisse e Moore na área destinada à Arte Religiosa Moderna. Além disso, contemplamos *Laocoonte* e o *Apolo do Belvedere*, obras-primas da Antiguidade clássica, ou os Museus Etrusco e Egípcio, assim como as culturas extraeuropeias que nos conduzem como por uma viagem ao longo de séculos e milênios. Trata-se de um passeio pelos Museus Vaticanos que representa um itinerário intelectual e espiritual ao longo do caminho que o Papa Bento XVI chama *via pulchritudinis*, a «via da beleza».

Acontece que «toda obra de arte cristã tem um sentido: é, por natureza, um "símbolo", uma realidade que vai além de si mesma e ajuda a avançar pelo caminho que revela o sentido, a origem e a meta de nosso caminho terreno. Sua beleza é caracterizada por sua capacidade de provocar a passagem do que é "para si" ao que é "maior que si mesmo"»[16].

Efetivamente, é no «âmbito religioso que ocorreu um maior desenvolvimento da arte e um maior apreço da beleza. Basta observar o românico e o gótico, escutar a música de Palestrina, Bach

---

15 Bento XVI, Encontro com o clero da diocese Bolzano-Bressanone.

16 Pontifício Conselho para a Cultura, *op. cit.*

ou Mozart; contemplar as pinturas de Hieronymus Bosch, Van Dyck ou Caravaggio; ou ler Cervantes, Manzoni ou Dostoiévski, para dar alguns exemplos»[17]. «Homens e mulheres de todas as épocas e de todas as culturas experimentaram uma emoção profunda, até abrir o coração a Deus, contemplando o rosto de Cristo na Cruz — como em sua época Francisco de Assis —, ou escutando o canto da Paixão ou o *Te Deum*, de joelhos diante de um retábulo dourado ou de um ícone bizantino»[18]. Assim, as grandes obras-primas do Ocidente nunca se poderão desligar do cristianismo.

Durante séculos,

> *a fé soube aliar-se com a arte e encarnar-se na matéria.* A Igreja primitiva voltou-se às palavras e símbolos de sua época para transmitir o Evangelho, criou a beleza dos hinos e decorou com abundância criptas e basílicas. Quem tentou afirmar que não era adequado representar com matéria a um Deus espiritual foi declarado herege e iconoclasta. A Igreja preferia seguir servindo-se dos sons e das imagens, das palavras e da matéria, para transmitir a verdade que Deus havia dado ao mundo conhecer.
>
> Na Idade Média, a oração também se faz música e surge, assim, o canto gregoriano. A fé, a arte e a geometria construirão, juntas, uma longa série de catedrais por toda a Europa, cuja perfeição podemos admirar ainda hoje. Dante escreve em versos toda a doutrina cristã em sua *Divina comédia*, e a arte serve — entre outras coisas — para a glória e a honra de Deus. No Renascimento e em parte do barroco, esse processo alçará seus mais altos voos, considerando a beleza física como um bom meio para louvar a Deus e difundir a doutrina cristã. Praga, Roma, Toledo, Budapeste, Veneza, Cracóvia e tantas outras cidades europeias e americanas estão repletas de bons exemplos. A Igreja seguia contribuindo com a arte.
>
> No entanto, como dizem os especialistas, esta santa aliança entre arte e cristianismo debilitar-se-á pouco a pouco, sobretudo em duas frentes. A primeira e mais evidente será a arte sacra, que gradualmente perderá qualidade e o esplendor que tivera em outras épocas. Depois, os mesmos artistas irão deixando — ao menos em alguns casos — de ser cristãos, e isso influenciará todos os aspectos da atividade artística. A arte, como tantas outras realidades humanas, descristianizou-se em grande medida[19].

---

17 P. Blanco, *op. cit.*, p. 93.

18 Pontifício Conselho para a Cultura, *op. cit.*

19 P. Blanco, *op. cit.*, pp. 93-94.

Nesse sentido, a *via pulchritudinis* se transforma aqui num chamado concreto a todo artista, para que, novamente, tente capturar o mais alto, o... «mistério».

A beleza da liturgia

De todas as grandes obras, a «obra-prima» da Igreja é a liturgia e, por meio dela, o culto a Deus. A liturgia é a epifania divina, fonte especial de beleza[20]. Nela o verdadeiro artífice é Deus (realidade que poderia ser atribuída a toda obra-prima; nesse caso, porém, ela é mais evidente). Porque aqui o importante «não provém do que fazemos, mas do fato de que acontece Algo que todos nós, juntos, somos incapazes de fazer»[21].

«Não façais da casa de meu Pai uma casa de negociantes» (Jo 2, 16). Jesus pronunciou estas palavras enquanto expulsava os cambistas do templo e tombava as suas mesas. Sem dúvida era necessária uma grande personalidade para fazer isso sem que ninguém o impedisse; porém, o mais impressionante é imaginar a cena observando Ele, que era «manso e humilde de coração» (Mt 11, 29), nervoso e enfurecido. Seu caráter pacífico foi interrompido quando aqueles mercadores cruzaram a linha, ou seja, quando «tocaram» onde não podiam «tocar»: a vontade de seu Pai (neste caso, profanando a sua casa)[22].

Com sua reação Jesus nos indica que, ao tratar das ações litúrgicas, devemos nos aproximar delas com uma intenção

---

20 «Especial» porque seu núcleo, a celebração da Eucaristia, é onde o Mistério se faz sumamente presente e enche de sentido e beleza toda a nossa existência. Assim, por ela, introduzimo-nos no Mistério e entramos em comunhão com Ele.

21 J. Ratzinger, *Informe sobre la fe*, p. 139.

22 Vemos uma atitude parecida em Pedro, que, depois de Jesus profetizar a sua Paixão e Morte, se atreve a desviá-lO ou afastá-lO de sua missão. Num salto, Jesus diz: «Afasta-te, Satanás! Tu és para mim um escândalo; teus pensamentos não são de Deus, mas dos homens!» (Mt 16, 23). Isso soa como «não sentes, Pedro, como eu sinto: não estás em sintonia com a vontade de meu Pai»; e também: «Desci do céu não para fazer a minha vontade, mas a vontade daquele que me enviou» (Jo 6, 38). Afinal, era essa a sua missão, o que não devia ser «tocado», o que O sustentava e O guiava, a fonte de onde brotava, como por necessidade, cada uma de suas ações. Essa vontade conferia sentido e unidade a tudo o que Ele fazia e dizia — e, para cumpri-la, «era necessária sua vida».

O facere: a beleza das grandes obras

respeitosa; pisamos terreno sagrado, entramos na casa do Pai. Para Rilke, o belo era «a primeira analogia ao sagrado».

Hoje, infelizmente, o sentido do sagrado está em grande parte perdido. As pessoas vão se esquecendo como comportar-se no templo, nas igrejas — ignoram como fazer uma genuflexão; que no sacrário está sacramentalmente presente a verdadeira «joia», o que há de mais valioso (e não no retábulo ou no quadro da capela lateral direita); como inclinar a cabeça diante de um crucifixo ou de uma imagem da Virgem; como usar a água benta na entrada etc. Sim, é preciso reconhecer que uma das razões pela qual não se respeita o mistério é a ignorância unida à falta de fé. Mas outra razão, talvez mais sutil, é a de um desejo desordenado de reduzir o mistério ao mundano. Tão próximo — tão acessível! — alguns querem torná-lo que acabam também por profaná-lo. Sem dúvida, é necessário tornar a verdade hospitaleira e acessível, e todos os esforços nesse sentido serão sempre bem-vindos, mas não ao ponto de «descafeiná-la».

Não tenhamos medo de apresentar a verdade como ela é. Deixemos que se explique à sua maneira e a seu tempo (recordemos o que dissemos sobre «explicar» a beleza e seus níveis). Nossos esforços não devem se concentrar na explicação do mistério, mas em deixar Deus agir. A eficácia não está na intenção de possuí-lO (pelo uso da razão), mas em deixar-se possuir, em deixar agir o Espírito. As ações sagradas deveriam ser *incoação*, portas abertas à vida eterna. Não pretendemos «manipulá-las», guiá-las de acordo com os nossos caprichos; deixemos que sejam elas a nos possuir. Sejamos seus «servos», não seus patrões.

Nos templos deve-se ficar em silêncio. Não é lugar para comer, nem para gritos e gargalhadas, nem espaço de recreação ou diversão. O que uma igreja não pode deixar de oferecer a qualquer visitante que traspasse o batente de sua porta é, justamente, aquilo que ele não encontrará em outros lugares: o contato com o sagrado, com o mistério. Respeitar o sagrado é respeitar a natureza do que acontece dentro da casa do Pai. Lembremos, com J. Pieper, que «*hagios*, por exemplo — termo grego que significa "santo" —, implica a contraposição a *koinos* ("mediano", "comum", "usual"). E o pedaço de chão pertencente

EDUARDO CAMINO | A Deus pela Beleza

aos deuses, no qual se encontra o templo ou o altar, é denominado *témenos*, aquilo que encontra-se expressamente separado das demais propriedades da comunidade. Em latim, o verbo *sancire*, do que se deriva o termo *sanctus*, "santo", significa, igualmente, "delimitar"»[23]. Ou seja, sagrado é algo separado, algo que pertence a outra ordem, que sobressai do fluxo do cotidiano, que não é habitual, que é «distinto» de qualquer outro. Os dias sagrados, os objetos sagrados, as casas sagradas, não são como os demais dias, objetos ou casas e, por isso, exigem tratamento diferente, respeitoso e, para o fiel, de veneração. Por isso, não devemos estranhar ao escutar, na liturgia, outro idioma, outros gestos e um modo diferente de falar. Estamos diante de uma realidade que, para ser acessada — já o vimos quando nos referimos a certas disposições para captar outras belezas —, exige que não nos vistamos, não nos comportemos e não falemos de qualquer maneira.

Nessa mesma linha, recordemos o que foi dito sobre a utilidade. Dizia J. Pieper: «O toque dos sinos de Notre-Dame nunca teve como objetivo — ao menos inicialmente — avisar o horário ou servir de aviso (caso contrário, o relógio de pulso o teria tornado realmente supérfluo); não; ele sempre foi, e ainda é, uma forma de júbilo sem palavras, um excesso e uma extravagância»[24]. O excesso e o supérfluo devem caracterizar a liturgia da mesma maneira como «o canto não pode ser econômico e ser canto ao mesmo tempo»[25]. Bastaria pensar «quem está ali?», «o que é celebrar?», para nos darmos conta de que «a extravagância da qual falamos aqui não é de modo algum uma exibição de ouro e posses: é a manifestação espontânea da riqueza pessoal, da riqueza que consiste na experiência da presença real de Deus entre os homens»[26]. Para que o mistério brilhe, para perceber

---

23 J. Pieper, *¿Qué significa el «sagrado»? Un intento de clarificación*. Rialp, Madri, 1990, p. 13. Uma construção se transforma em Igreja com sua consagração. Essa cerimônia lhe confere a «separação» a que nos referimos. A partir deste momento, abrigará as coisas de Deus — e mais: será a casa de Deus.

24 *Ibidem*, p. 39.

25 *Ibidem*, p. 40.

26 *Ibidem*.

a sua beleza, a liturgia deve ser «desinteressada», ou seja, despojada de outros motivos que não sejam o da celebração de Deus. Esse desinteresse e «extravagância» são a manifestação de um amor de benevolência. A liturgia é bela quando permite que se manifeste o mistério de amor e comunhão em toda a sua beleza; quando não coloca obstáculos nem diminui a graça. A liturgia é bela quando é «agradável a Deus» e nos apresenta a alegria divina[27].

Uma ação sagrada é mais que uma simples celebração comemorativa de algo que ocorreu no passado. Não estamos diante de uma mera lembrança, mas diante de algo que volta a acontecer. Muitas ações litúrgicas têm a força de trazer o passado ao presente, de realizar justamente o que dizem, de transformar em realidade o que significam — e isto não por um poder humano, mas divino. A ação sagrada tem um caráter secundário. O que acontece nela é a ressonância de algo anterior. Por isso, o verbo mais apropriado para se referir a esse tipo de ação é «celebrar». O sagrado é, sobretudo, algo que se celebra — e se celebra em comunidade.

A beleza litúrgica nunca é mero *pulchrum* externo, mas a própria expressão do significado dos sacramentos, ou seja, expressão do *verum* dessa realidade sacramental que as palavras humanas não conseguem expressar. A liturgia nos convida a adentrar e participar de um mistério que nos ultrapassa. E Cristo, por meio de símbolos, gestos, palavras e melodias, nos ajuda, estendendo-nos a mão.

Todo o nosso mundo afetivo e emocional encontra espaço na liturgia. «Hoje as pessoas, cansadas de rituais impessoais, buscam uma experiência religiosa que também as impactem de maneira afetiva, mesmo que às vezes fora da experiência cristã. Conseguiremos atingir os corações propondo um itinerário feito de "substância". Será necessário viver a sabedoria dos tempos do

---

27 Cf. T. Verdon, *Vedere il misterio. Il genio artistico della liturgia cattolica*, Mondadori, 2003. Evidentemente, é por isso que os critérios de «comodidade» ou «funcionalidade» aplicados à arquitetura, disposição do templo, ornamentos cirúrgicos etc. Ficam, portanto, em segundo ou terceiro lugar e as melodias «mundanas» não têm lugar: a intenção não é manter-se no mundo comum, mas facilitar o acesso a outro mundo.

ano litúrgico que atravessam todos os nossos estados de ânimo possíveis em relação ao mistério de Cristo (...): a espera do Advento, a alegria serena do Natal e a Epifania, a austeridade do deserto quaresmal, o assombro da Páscoa e de Pentecostes, o ritual normal de tantos momentos "comuns". Com essa presença que os unifica, a vida, com seus diversos tons, recobra direção e significado, ou seja, um sentido»[28].

Podemos colocar de outra maneira: muito além de educar o coração e de servir de via a nossos afetos, o importante é que nos abra o céu. Toda arte leva ao alto, eleva a Deus. Dizia Alfonso López Quintás: «Nas igrejas orientais, a disposição das abóbadas orienta todos os espaços para o alto. Em certa ocasião, um grupo de amigos e eu entoamos um cântico grego na pequena igreja bizantina que fica entre as ruínas da ágora ateniense. Ficamos sobressaltados ao perceber que o nosso canto se elevava, em ondas sucessivas, em direção ao topo do templo. Compreendemos, então, exatamente o que significa pedir, com o salmista: "Suba a minha oração, como incenso, a Ti, Senhor"»[29].

P. Florenski descrevia o encontro representado em toda ação litúrgica, o encontro que se dá entre o céu e a terra, desta maneira belíssima: «O Senhor misericordioso concedeu-me estar em frente a seu trono. Caía a tarde. Os raios dourados dançavam, exultantes, o sol aparecia como um hino solene ao Éden. O Ocidente empalidecia, resignado, e, à sua frente, via-se o altar, colocado sobre o topo da colina. Durante as Vésperas o canto "Luz de paz" marcava o pôr do sol. O sol, que morria, baixava, majestoso. Misturavam-se e flutuavam as melodias antigas como o próprio mundo; misturavam-se e flutuavam as linhas azuis do incenso. A leitura seguia em seu ritmo. Algo na penumbra voltava à mente, algo que lembrava o Paraíso, e a tristeza por sua perda transformava-se misteriosamente na alegria do regresso. Ao canto "Gloria a Vós que nos mostrou a luz", acontecia que a

---

28 G. Vecerrica, Carta pastoral *Diamo forma alla belleza della vita cristiana*, 25 de março de 2006, Fabriano, 2006, n. 21.

29 A. López Quintás, «La Belleza y su poder transfigurador», Cf. Bento XVI, Audiência de 18 de novembro de 2009, na qual oferece uma explicação interessante sobre alguns elementos da arte gótica e românica das igrejas.

O facere: a beleza das grandes obras

escuridão exterior, ela mesma luz, diminuía, e então a Estrela da Tarde brilhava através da janela do altar, e no coração surgia outra vez a alegria que não desaparece, aquela alegria do crepúsculo na gruta. O mistério da tarde se unia com o da manhã e, entre os dois, eram uma coisa só»[30]. Textos assim nos tiram de nós mesmos, rompem as amarras com a terra e, por alguns instantes, nos apresentam ao céu.

A beleza da liturgia impressionou muitos, mas converteu poucos. «Ao entardecer de um dia de Natal, o grande poeta Paul Claudel compareceu à Catedral de Notre-Dame na hora das Vésperas. Fez isso sem qualquer intenção religiosa; apenas para mergulhar no ambiente agradável criado pela música sacra natalina. Ficou em pé, apoiou o corpo na última coluna da direita, olhando em direção ao coral. Dali saíam caudais de músicas belíssimas que enchiam as naves de intensa alegria. Quando, no final, soou o canto natalino do *Adeste fideles*, que convida as pessoas a se reunirem em volta do menino recém-nascido, o poeta agnóstico sentiu-se transportado para um reino grandioso de beleza e bondade, tão acolhedor que não hesitou em considerá-lo o seu lar, tão real e poderoso que não pôde senão adentrá-lo. Compreendeu, em seguida, que muitos aspectos de sua vida precisariam de retoques e ajustes. Mas o grande passo estava dado»[31].

Assim ele mesmo o revelava: «naquele momento aconteceu algo que dominou toda a minha vida. De repente, meu coração sentiu-se tocado, e acreditei. Acreditei com tamanha força, tamanho arrebatamento de todo o meu ser, com uma convicção tão poderosa e com tanta certeza que não me restava a menor dúvida e que, depois, todos os livros, todos os raciocínios, todos os infortúnios de uma vida agitada não poderiam acabar com a minha fé, tampouco, para dizer a verdade, sequer tocá-la»[32].

Outra conversão impressionante foi a de J. K. Huysmans (1848-1907), que, sozinho, sem parentes ou amigos, depois de

---

30 P. Florenski, *Sulla colina Makovec*, 20 de maio de 1913, em *Il cuore cherubico, Scritti teologici e mistici*. Piemme, Casale Monferrato, 1999, p. 260.

31 A. López Quintás, «La Belleza y su poder transfigurador».

32 P. Claudel, «Ma Conversion», em *Contacts et Circonstances, Gallimard, Paris*, 11ss, apud L. Chaigne, *Paul Claudel, poeta del simbolismo católico*. Rialp, Madri, 1963, p. 47.

viver muito afastado de Deus e imerso numa profunda crise que o conduziu às portas do satanismo, ao entrar certo dia em uma igreja de Paris para admirar a liturgia e escutar música sacra, sentiu que algo o comovia no fundo da alma e se converteu — e mudou. Como ele próprio reconheceria mais tarde: «Voltei a trabalhar pela beleza da arte»[33].

No XXIII Congresso Eucarístico Nacional italiano, o então cardeal Ratzinger abriu a sua conferência contando uma lenda antiga relativa às origens do cristianismo na Rússia, segundo a qual o príncipe Vladimir de Kiev decidiu aderir à Igreja Ortodoxa de Constantinopla depois de ter escutado os emissários que havia enviado àquela cidade. Eles, que haviam assistido a uma liturgia solene na basílica de Santa Sofia, assim disseram ao príncipe: «Não sabemos se estávamos no céu ou na terra... Ali reconhecemos que Deus habita entre os homens».

«Se a Igreja deve continuar transformando e, portanto, humanizando o mundo, como poderia renunciar, em sua liturgia, à beleza que está vinculada de modo inseparável ao amor e unida ao esplendor da Ressurreição? Não, os cristãos não devem se contentar com pouco; devem fazer com que a Igreja continue sendo fonte de beleza e, portanto, de verdade, sem a qual o mundo se transforma na antessala do inferno»[34].

No fim das contas, de tudo isso se desprende a óbvia preocupação

> por restituir à liturgia seu verdadeiro esplendor, toda a sua dignidade e sua beleza intocada, redescobrindo o significado autêntico do mistério cristão; e por formar os fiéis para serem capazes de acessar o significado e a beleza do mistério celebrado e para participarem nele de maneira crível (...).
>
> Não é menos urgente favorecer a criação artística, uma arte sacra idônea que acompanhe e sustente a celebração dos mistérios da fé, a fim de devolver aos edifícios de culto e aos ornamentos litúrgicos toda a sua beleza[35].

---

33 Cf. S. Canals Coma, «*Via pulchritudinis*: respuesta de la Iglesia a la crisis contemporánea», em *Cuestiones teológicas*, vol. 39, n. 92, Bogotá, julho-dezembro, 2012.

34 J. Ratzinger, *Informe sobre la fe*, p. 134.

35 Pontifício Conselho para a Cultura, *op. cit.*

A arte da palavra: narrar histórias

Já nos referimos ao poder e beleza da palavra e a como ela está no ápice das demais dimensões de nossas ações. Por isso, passaremos agora a considerar como fazer dela uma arte, como falar na beleza. A palavra tem uma força questionadora própria.

A beleza da fala exige, em primeiro lugar, o respeito à natureza daquilo sobre o que se fala, ou seja, que o que se diga seja verdadeiro, bom e tenha unidade. Qualquer conferência, discurso ou diálogo serão belos, de início, na medida em que forem fiéis à realidade que tentarem expressar. Porque, se as suas exigências não nascem da realidade, nascerão de algo extrínseco, isto é, da vontade. Apenas quando o discurso nasce da realidade da verdade e do bem pode-se dizer que não se interrompe, mas que move-se por si mesmo, que engendra liberdade. As formas ou o estilo também são necessários, mas sem que cheguem a obscurecer a realidade; devem permitir que esta interpele ao ouvinte: «É isto o que existe», ou: «Aqui está... dance».

Talvez seja esta a razão por que é «tão nobre a retórica de escritores como Leo Strauss, Robert Spaemann, Clives Staples Lewis, Hans Urs von Balthasar, Romano Guardini... Em seus escritos se adverte nitidamente que a beleza que é percebida não se deve a mero tratamento estilístico, mas provém da mesma substância do conhecimento que transmitem»[36]. Por contraste, a beleza dos discursos sofistas era algo diretamente almejado, mas não derivava da busca pela verdade. Neles não era o *splendor veri* que brilhava, mas um esplendor roubado à verdade.

Lembremo-nos do que foi dito sobre a tragédia grega e a *catarsis*... Não é que não possamos falar do mal, mas a beleza nos exige que o façamos de maneira a que nosso interlocutor o perceba como tal e, portanto, ao escutá-lo, seus sentimentos sejam de repulsa, e não de satisfação. Assim, ao ser reconhecido como mal, a narrativa o incentivará a manter-se afastado dele, a evitá-lo, a repará-lo, a arrepender-se, ao perdão. Blaise Pascal dizia, em seus *Pensamentos*: «São muito poucos os que falam

---

36 A. Ruiz Retegui, *Pulchrum*, pp. 105-106.

castamente em castidade, poucos os que falam humildemente em humildade». Ou seja, o primeiro requisito exigido pela arte da palavra está na união dos transcendentais. Verdade, bem e unidade afloram no discurso como requisitos indispensáveis de lealdade. Como garantia Isak Dinesen: «Onde o contista é leal, eterna e inquebrantavelmente leal à história, ali, no final, falará o silêncio»[37].

O público deve perceber certa convicção no que escuta. O discurso é algo pessoal, e não anônimo — algo que deve brotar de dentro. Se Beethoven pretendia chegar às «entranhas do homem» com a sua música, esta é uma região que dificilmente alcançará sem convicção. Ninguém pode transmitir com beleza o que não apreendeu previamente ou não sentiu como comovente ou importante para si.

Com a preparação necessária em relação ao que se quer dizer, com a ordenação das ideias por sua importância e intensidade de *verum*, as palavras brotarão mais facilmente, com simplicidade, com naturalidade, com certa ordem lógica, sem repetições, dedicando mais tempo ao mais complicado (servindo-se de exemplos e relatos) e evitando explicações sobre o óbvio.

Todo discurso tem dois momentos-chave que exigem cuidado especial: o início e o fim. No primeiro, o essencial é saber que nada é comunicado até que o ouvinte pense: «Isto me interessa ou me afeta». Por isso, quem fala deve fazer um grande esforço inicial por «conectar-se», por suscitar o quanto antes o interesse sobre o assunto, e para isso é preciso que dedique o tempo necessário a pensar no público ao qual se irá dirigir (idade, cultura etc.) e a adaptar o tema a suas questões, interesses, gostos ou necessidades.

Se, sobre o início, pesa sobretudo a tarefa de «conectar-se» o mais brevemente possível, sobre o fim recai a tarefa nada fácil de «encerrar», de chegar ao auge. O fim não é apenas mais um elo da corrente — ele valida, de alguma maneira, tudo o que foi dito anteriormente. Como afirmava T. S. Eliot no *East Coker*:

---

37 I. Dinesen, *The Blank Page*, citado no prólogo a *Ehrengard*. Anagrama, Barcelona, 1990.

«Cada momento é uma confirmação nova e impactante de tudo o que vivemos antes».

A existência humana tem uma estrutura narrativa. Com a palavra o homem diz algo e, ao mesmo tempo, expressa a si mesmo, e uma das maneiras mais eficientes e naturais de uma pessoa conhecer-se a si mesma consiste em narrar a sua história. Qualquer vida humana pode ser contada por meio de uma história. Romano Guardini afirmava que «a vida não é uma aglomeração de partes, mas um todo que, dito de forma paradoxal, está presente em cada momento de seu desenvolvimento»[38]. Daí o órgão da identidade ser a memória, a capacidade de recordar o passado e, portanto, de poder contar; e que a forma mais elevada de inteligência seja a «narrativa». Os artistas mais sábios são os narradores. Platão defendia a doutrina da reminiscência: saber é recordar.

No entanto, para conhecer algo não é necessário contar tudo ou contá-lo como uma sucessão de fatos mecânicos sucessivos no tempo. Assim como os grandes artistas, o homem é capaz de contar a sua história em quatro traços, e por isso há alguns fatos que a revelam mais que outros. Por exemplo, não é a mesma coisa dizer que estudamos Direito, que compramos uma caneta ou que temos cinco filhos. A densidade de *verum* e de *bonum* não é a mesma — nosso ser, nossa verdade e nossa bondade se manifestam de modo diverso.

Por isso, se em cada momento de nossa existência se condensa todo o ciclo vida-morte, e se nem todos os momentos têm o mesmo valor, o fim goza de valor especial: traz concretude, fixa o sentido da história (uma história interminável não tem identidade), confere a cada uma de nossas ações o seu sentido definitivo. Isso não é apenas importante, mas, em certo sentido, é tudo: é daí que emerge a personalidade do protagonista, e a partir dela o que foi vivido até então é interpretado. Como sentenciava Guardini, «se o final é bom, tudo é bom», dando a entender que, se no fim a pessoa «se ordena», tudo também «está ordenado».

---

38 R. Guardini, *Ética*, p. 478.

Podemos pensar, por exemplo, no fim de Dimas, o bom ladrão. E na sabedoria contida nesta afirmação de Sófocles: «Não digamos que um homem foi feliz antes de sua morte!». Por fim, recordar finais como o de *As vinhas da ira*, de John Steinbeck, tornam novos exemplos desnecessários.

A beleza da pregação (da história da salvação)

Além da beleza da palavra em geral, faz sentido que nos detenhamos agora num uso muito pontual dela: a pregação (que, geralmente, ganha a forma da homilia). Trata-se de falar da mesma Beleza, de Deus, e de sua história conosco — história que tem «da salvação» como epíteto (ao menos desde o pecado original). Se cada palavra é capaz de revelar a *via pulchritudinis*, como não nos referirmos à beleza da palavra que versa justamente sobre Deus e suas «coisas»?

A homilia está sempre no contexto do culto (ela mesma é um ato do culto), de modo que podemos aplicar-lhe muitas das ideias já abordadas sobre a liturgia. Esse contexto é o que a diferencia das outras formas de ensinamento das «coisas de Deus»[39]. Por isso tem certo caráter sacramental, no sentido da crença em que o próprio Cristo está nessa Palavra[40]. Por isso, também, sua característica fundamental é ser o momento em que se expõe a Verdade e o Bem: ninguém «prega a si mesmo, mas a Cristo»[41]. Assim como recordava São Paulo aos coríntios: «De fato, não nos pregamos a nós mesmos, mas a Jesus Cristo, o Senhor. Quanto a nós, consideramo-nos servos vossos por amor de Jesus. Porque o Deus que disse: Das trevas brilhe a luz, é também aquele que fez brilhar a sua luz em nossos corações, para que irradiássemos o

---

39 Cf. Congregação para o Culto Divino e a Disciplina dos Sacramentos, *Directorio homilético*. BAC, Madri, 2015, cf. n. 11.

40 Além disso, e ainda que não seja o momento de falar neste tema, a homilia tem relação íntima com a Eucaristia. Eis por que, ao pronunciá-la ou escutá-la, devemos ter ciência de estar em um âmbito privilegiado: ouvimos a palavra de Deus como parte da celebração da Missa.

41 Congregação para o Culto Divino e a Disciplina dos Sacramentos, *op. cit.*, n. 7.

conhecimento do esplendor de Deus, que se reflete na face de Cristo» (2 Cor 4, 5-6).

A essência desse contexto é fazer brilhar justamente a palavra de Deus (as leituras e o Evangelho, na maioria das vezes, e não as próprias ideias, por mais oportunas e sugestivas que sejam) nos corações dos ouvintes, de acordo com o momento e suas necessidades atuais. Se falar bem é um dom, fazê-lo por Deus é um grande dom. A beleza da homilia está em *deixar* brilhar a beleza.

Em sua tarefa, o homiliasta encontra seu principal auxílio no Espírito. «Ninguém pode dizer: "Jesus é o Senhor", senão sob a ação do Espírito Santo» (1 Cor 12, 3); e por isso fica óbvio que, junto ao estudo, sua preparação há de vir «trabalhada» pela oração. «O Papa Francisco ressalta essa advertência com palavras muito fortes: um pregador que não se prepara, que não reza, "é desonesto e irresponsável" (*Evangelii gaudium*, 145), "um falso profeta, um embusteiro ou um charlatão vazio" (*Ibidem*, 151)»[42]. Aqui ninguém pode transmitir o que inicialmente não tenha sido concebido em contexto de amizade com Deus. A oração é o contexto mais adequado para se ver e ouvir o que Deus pede que transmitamos. «Responderam-lhes Pedro e João: "Julgai-o vós mesmos se é justo diante de Deus obedecermos a vós mais do que a Deus. Não podemos deixar de falar das coisas que temos visto e ouvido"» (At 4, 19-20).

Bento XVI aconselhava alguns futuros sacerdotes a prepararem suas homilias da seguinte maneira:

> Tenho uma receita bastante simples: combinar a preparação da homilia dominical com a meditação pessoal, para fazer com que estas palavras não sejam dirigidas só aos outros, mas sejam realmente palavras ditas pelo Senhor a mim próprio e amadurecidas num diálogo pessoal com o Senhor.
>
> Para que isto seja possível, o meu conselho é começar já na segunda-feira, porque no sábado já é demasiado tarde, a preparação é apressada, e talvez falte a inspiração, porque temos em mente outras coisas. Por isso eu diria: já na segunda-feira, simplesmente ler as leituras do próximo domingo, que talvez pareçam muito

---

42 *Ibidem*, 27.

> inacessíveis. Um pouco como as pedras de Massá e Meribá, onde Moisés diz: "Mas como pode jorrar água destas pedras?".
>
> Deixamos ali essas leituras, deixamos que o coração as saboreie; no subconsciente as palavras trabalham e voltam um pouco todos os dias. Obviamente, dever-se-ão também consultar livros, na medida do possível. E com este trabalho interior, dia após dia, vê-se como pouco a pouco amadurece uma resposta; esta palavra abre-se aos poucos, torna-se palavra para mim. E, dado que sou um contemporâneo, ela torna-se palavra também para os outros. Depois posso começar a traduzir na linguagem dos outros tudo quanto eu talvez veja na minha linguagem teológica; contudo, o pensamento fundamental permanece o mesmo para os outros e para mim»[43].

Eis por que, no Diretório homilético, reconhece-se o esforço criativo de todo homiliasta, bem como o fato de que «a arte da oratória ou de falar em público, assimilada ao uso apropriado da voz e até do gesto, contribuem para a eficácia da homilia (...); [destaca-se que] o essencial é que o homiliasta coloque a Palavra de Deus no centro de sua própria vida espiritual, conheça bem a sua comunidade, reflita sobre os acontecimentos de seu tempo, busque incessantemente desenvolver as habilidades que o ajudem a pregar de maneira apropriada e, consciente da própria pobreza espiritual, invoque ao Espírito Santo como principal artífice em tornar dóceis os corações dos fiéis aos mistérios divinos». Assim recorda o Papa Francisco: «Renovemos a nossa confiança na pregação, que se funda na convicção de que é Deus que deseja alcançar os outros através do pregador e de que Ele mostra o seu poder através da palavra humana»[44]. E lembra, entre outros exemplos de grandes pregadores, de Moisés, que tinha dificuldade de fala (cf. Ex 4, 10), ou de Jeremias, que se considerava jovem demais para fazê-lo (cf. Jr 1, 6), bem como do próprio São Paulo, que reconhecia: «Também eu, quando fui ter convosco, irmãos, não fui com o prestígio da eloquência nem da sabedoria anunciar-vos o testemunho de Deus. Julguei não dever saber coisa alguma entre vós, senão Jesus Cristo, e Jesus Cristo crucificado. Eu me apresentei em vosso meio num estado de fraqueza, de

---

43 Bento XVI, Visita ao Seminário Maior: encontro com os seminaristas, 17 de fevereiro de 2007.

44 Congregação para o Culto Divino e a Disciplina dos Sacramentos, *op. cit.*, 3.

O facere: a beleza das grandes obras

desassossego e de temor. A minha palavra e a minha pregação longe estavam da eloquência persuasiva da sabedoria; eram, antes, uma demonstração do Espírito e do poder divino, para que vossa fé não se baseasse na sabedoria dos homens, mas no poder de Deus» (1 Cor 2, 1-5).

O mesmo Bento XVI destacou cinco passos para tratar a palavra divina (*lectio divina*) sem furtar-lhe nenhuma beleza. Em formas de pergunta, esses passos seriam: 1) o que diz, por si, o texto bíblico? 2) O que ele diz ao público ao qual será lido? É necessário que o homiliasta conheça bem a sua assembleia e adapte a palavra com simplicidade e clareza à sua linguagem, a fim de que possa ser entendida, pois, como já apontamos, não se começou a falar de fato até que se consiga despertar o interesse do público. Neste sentido, Kierkegaard destacava que a verdadeira pregação apenas parece um monólogo, pois, se é autêntica, mais deveria parecer um diálogo: o que é dito há de «despertar» o público, incitar uma resposta. 3) O que diremos nós como resposta a essa palavra de Deus que nos interpela hoje? 4) O que é preciso mudar, que conversão de mente, de coração, de vida nos está pedindo o Senhor por meio de sua palavra? Por fim, vem mais que uma simples pergunta: 5) a vida do fiel é transformada pela palavra que se transforma em dom para os outros?[45] «Não sabeis que um pouco de fermento leveda a massa toda?» (1 Cor 5, 6).

São Tomás dizia que os fins da pregação eram: *illustret* ou *doceat, delectet, moveat* ou *flectat*. Com o primeiro, referia-se a um bom conteúdo de *verum*; com o terceiro, a uma carga significativa de *bonum*; e com o segundo, o *delectet*, pedia que o discurso fosse bonito[46]. E a verdade e o bem que Deus nos revelou não estão apenas carregados de humanidade, mas também de beleza — uma beleza que eleva, que salva. A história da salvação está repleta de boas ações humanas: o sacrifício de Isaac, o perdão do Rei Davi ou o de José a seus irmãos, a paciência e a fidelidade de Jó, a justiça transmitida por Salomão, a obediência

---

45 Cf. Bento XVI, Exortação apostólica *Verbum Domini*, 87.
46 Cf. São Tomás de Aquino, *Suma Teológica*, II-II, q. 177, a. 1c.

de Noé ou do profeta Jonas, a parábola do filho pródigo, a do bom pastor ou do bom samaritano, a abertura do céu no último momento para Dimas, o bom ladrão, o modo como Jesus trata a samaritana, a mulher surpreendida em adultério, a conversa do Mestre com Pedro depois da segunda pesca milagrosa... São histórias — episódios humanos — do mais alto nível, acontecimentos com grande profundidade e beleza, porque no fundo se trata de respostas ao amor de Deus.

TERCEIRA PARTE

Testemunhos da beleza
A Transfiguração do Senhor

Saber olhar é saber amar
— do filme *Canción de cuna*

Pedro acaba de confessar a divindade de Jesus em Cesareia de Filipe. Logo o Mestre anuncia a seus discípulos a sua paixão, sentencia que segui-lO exigirá renúncia e sacrifício e lhes garante: «Alguns há que não experimentarão a morte enquanto não virem chegar o Reino de Deus com poder» (Mc 9, 1). O que Ele quer dizer? A quem se refere? Por acaso algum deles viverá até a sua segunda vinda? Não. Trata-se do que três deles irão viver dentro de pouco tempo.

De fato, depois de seis dias Jesus propõe a Pedro, Tiago e João que o acompanhem até o Tabor, para rezar[1]. Fazem a subida, chegam ao topo e, como ocorrerá posteriormente em outro monte, o das Oliveiras, caem no sono, vencidos. Enquanto Jesus

---

[1] Já no século III, Orígenes destacava essa cena no monte Tabor. E o mesmo fizeram Cirilo de Jerusalém, São Jerônimo, Eusébio de Cesareia e uma vasta tradição. Atualmente, não se trata de uma subida tão dura — em pouco mais de uma hora chega-se de sua base a um pico que se eleva quatrocentos metros acima do Mediterrâneo e 780 acima do lago de Tiberíades.

EDUARDO CAMINO | A Deus pela Beleza

rezava, «seu rosto brilhou como o sol, suas vestes tornaram-se resplandecentes de brancura» (Mt 17, 2). Todo Ele irradia glória (palavra bíblica que expressa melhor a beleza de Deus manifesta em nós)[2].

Então os discípulos despertam e o veem dessa maneira, conversando com Moisés e Elias. O primeiro representa a Lei; o segundo, os profetas. Também os dois haviam recebido, em um monte, a revelação de Deus. «O que o ressuscitado explicará aos discípulos no caminho até Emaús é aqui uma aparição visível. A Lei e os Profetas falam com Jesus, falam de Jesus»[3]. Por isso agora o veem como a Torá vivente, como a Palavra do Pai. Lei e palavra chegam a seu ápice na pessoa transfigurada do Verbo. Contemplam-lhe como nunca o haviam contemplado antes.

Pedro, Tiago e João estão impressionados. Captam algo que vai além do sensível, e o «temor de Deus» apodera-se deles. Percebem a própria miséria e ficam como que paralisados. Uma espécie de atração, de grata surpresa, faz com que Pedro diga: «Mestre, é bom para nós estarmos aqui; faremos três tendas: uma para ti, outra para Moisés e outra para Elias. Com efeito, não sabia o que falava, porque estavam sobremaneira atemorizados» (Mc 9, 5-6). Pedro manifesta a «catarse» de seu estado e daqueles que o acompanham. É como se dissesse: «Senhor, que maravilha, que beleza estar aqui». E, com isso, dá a impressão de querer prolongar a situação[4].

«Enquanto ainda assim falava, veio uma nuvem e encobriu-os com a sua sombra; e os discípulos, vendo-os desaparecer na nuvem, tiveram um grande pavor. Então da nuvem saiu uma voz: "Este é o meu Filho muito amado; ouvi-o!"» (Lc 9, 34-36). «A nuvem

---

2   Também interpretaram essa passagem do Evangelho em relação à beleza os bispos da Toscana, na Nota pastoral de 23 de março de 1997 intitulada *La vita si è fatta visibile*; o mesmo fez o cardeal C. M. Martini em sua carta pastoral de 8 de setembro de 1999: *Quale bellezza salverà il mondo?*

3   J. Ratzinger-Bento XVI, *Jesús de Nazaret I*. La Esfera de los Libros, Madri, 2007, p. 362.

4   Com a menção às «tendas», o texto põe essa passagem em relação com a festa judia do mesmo nome, «das Tendas», que não só lembrava a proteção divina no deserto como — e isto é o mais importante — prefigurava o lugar dos justos no outro mundo. Pedro, no entanto, vai mais longe. Anuncia que esse outro mundo já chegou, dado que Deus mesmo erigiu a sua tenda no nosso mundo, entre os homens. «E o Verbo se fez carne e habitou entre nós» (Jo 1, 14).

sagrada é o sinal da presença do próprio Deus. Repete-se a cena do batismo de Jesus, quando o próprio Pai proclama da nuvem Jesus como Filho: "Tu és o meu Filho muito amado; em ti ponho minha afeição" (Mc 1, 11). Porém, a essa proclamação solene da dignidade filial se acrescenta agora o imperativo: "Escuta"»[5]. «Ouvindo esta voz, os discípulos caíram com a face por terra e tiveram medo. Mas Jesus aproximou-se deles e tocou-os, dizendo: Levantai-vos e não temais. Eles levantaram os olhos e não viram mais ninguém, senão unicamente Jesus» (Mt 17, 6-8).

No dia seguinte começam a descida. Pedro, Tiago e João já não são os mesmos. Também eles foram transformados. O que experimentaram não só os consolará quando o seu Mestre for condenado à morte (tradicionalmente, o ocorrido se explica como uma antecipação de sua glória para aqueles em que pensava apoiar-se especialmente durante a sua Paixão), mas será algo que os acompanhará por toda a vida. Foram arrebatados pela Beleza. Jesus termina de gravar em seus corações que Ele é o mesmo que foi profetizado por Isaías: «Não tinha graça nem beleza para atrair nossos olhares, e seu aspecto não podia seduzir-nos. Era desprezado, era a escória da humanidade, homem das dores, experimentado nos sofrimentos; como aqueles diante dos quais se cobre o rosto, era amaldiçoado e não fazíamos caso dele» (Is 53, 2-3). Sua divindade, e mais concretamente a aparição de sua glória, estão assim relacionadas com a Paixão; «apenas a partir dessa inter-relação conhecemos a Jesus corretamente»[6].

«E, quando desciam, Jesus lhes fez esta proibição: "Não conteis a ninguém o que vistes, até que o Filho do Homem ressuscite dos mortos"» (Mt 17,9). «E guardaram esta recomendação consigo, perguntando entre si o que significaria: ser ressuscitado dentre os mortos» (Mc 9, 10). Já embaixo, «veio ao encontro de Jesus uma grande multidão» (Lc 9, 38).

A experiência catártica os permitiu desligar-se por alguns instantes das amarras terrenas. O que viram e ouviram, o que

---

5   J. Ratzinger-Bento XVI, *Jesús de Nazaret I*, p. 368.

6   *Ibidem*, p. 57. Lembremos que, depois de sua Ressurreição, Cristo dá-se a conhecer aos seus (a Madalena, Pedro, aos discípulos de Emaús etc.) não por meio dos sentidos, mas principalmente por meio do amor.

os seus corações experimentaram, será difícil de esquecer e... descrever. Recordemos que a beleza se afirmava sobretudo por dois sentidos, o da visão e da audição. Em seus corações começará a germinar essa semente que lhes proporcionará uma nova percepção do mundo e das coisas.

Desta maneira, nesta última parte, abordaremos aqueles temas cujo fio condutor é o que Pedro, Tiago e João acabam de experimentar: Deus revelou-se a eles de uma maneira extraordinária como Beleza, e eles não podem, e não querem, deixar de contá-lo. Pois toda beleza existe para ser compartilhada, doada; não permite exclusividades ou «reclusão»: a Beleza deve ser testemunhada.

Testemunho da beleza

A beleza da luz

Como apontamos ao falar das três propriedades de toda beleza, uma das características do belo desde a arte medieval é a luminosidade (recordemos Plotino como um de seus antecessores). Não bastam a perfeição e a harmonia; não é possível falar de beleza sem *claritas*. A «estética da luz», presente em toda parte no século XVIII, manifestou-se fundamentalmente na arte e na física-metafísica. «A arte deste período tem um grande apreço por tudo o que é luminoso; o reluzente, colorido e resplandecente tem todos os requisitos para ser considerado belo»[1]. A *claritas* era como que a «chave» da beleza.

Desde a Baixa Idade Média, a luz foi considerada símbolo da divindade, e isso se refletiu nas luminosas catedrais góticas, com amplos vitrais que inundavam o espaço interior — um espaço indefinido, sem limites claros, como que concretizando uma beleza absoluta, infinita. Desta maneira desejava-se que a divindade entrasse no templo, e não colocar-lhe obstáculos; que permitisse a ela preencher todos os espaços.

Também encontramos essa simbologia na vivência da liturgia da luz. É impressionante, por exemplo, contemplá-la na Basílica de São Pedro, no Vaticano, durante a vigília do Sábado Santo. No

---

1   I. Yarza, *op. cit.*, p. 63.

EDUARDO CAMINO | A Deus pela Beleza

início da cerimônia e depois de acender o círio pascal, o templo vai progressivamente acendendo as suas luzes e os fiéis, as suas velas, ao que os olhos dos presentes se vão acostumando a uma *claritas* cada vez mais forte (como os do homem livre que vai subindo pela caverna de Platão); esta luz simboliza Cristo, que vive para não mais morrer — a luz que vence a morte.

Por isso também chama a atenção, nesse sentido, que a Bíblia apresente a criação começando justamente pela luz: «Faça-se a luz» (Gn 1, 3). Que a luz seja o primeiro ato criador de Deus significa não só que sem luz não se é, que sem ela não poderíamos ver o resto da criação, mas que tudo o que virá depois terá *claritas* e, portanto, por proceder da mesma Beleza, poderá ser reconhecido belamente.

Por fim, no texto sagrado encontramos numerosas referências à luz que culminam em Cristo, *lumen de lumine*, a luz do mundo. No início da pregação de Jesus, por exemplo, São Mateus diz, parafraseando o profeta Isaías: «Este povo, que jazia nas trevas, viu resplandecer uma grande luz; e surgiu uma aurora para os que jaziam na região sombria da morte» (Mt 4, 16). No último de seus livros — como já vimos —, figura a nova Jerusalém descrita como uma cidade luminosa onde reluzem os santos.

E é nesse contexto que o sucesso da Transfiguração, como se a unir todas essas referências, nos apresenta a um Cristo reluzente que nos lembra não só a beleza de nossa condição futura, quando os nossos corpos, como o seu, ressuscitarão e passarão a viver com Ele nessa Jerusalém, mas também que essa beleza está latente já neste mundo (em todas essas formas que descrevemos na segunda parte) e que pode ser vista quando cada um de nós nos «reencontramos» na oração, ou seja, quando nos colocamos na presença da própria Luz.

Com efeito, a Transfiguração acontece exatamente em uma relação de diálogo pessoal do Filho com o Pai. Luz e beleza manifestam-se conjuntamente. Assim comenta Bento XVI:

> A Transfiguração é um acontecimento de oração; vê-se claramente o que acontece na conversa de Jesus com o Pai: a íntima compenetração de seu ser com Deus, que se transforma em pura luz. Em seu ser uno com o Pai, o próprio Jesus é Luz de Luz. Nesse momento percebe-se também pelos sentidos o que é Jesus no mais íntimo de

si e o que Pedro trata de dizer em sua confissão: o ser de Jesus na luz de Deus, seu próprio ser luz como Filho.

Aqui pode-se ver tanto a referência à figura de Moisés como a sua diferença: «Descendo do monte, Moisés não sabia que a pele de seu rosto se tornara brilhante, durante a sua conversa com o Senhor» (Ex 34, 29). Ao falar com Deus, sua luz resplandece Nele e, ao mesmo tempo, faz-lhe resplandecer. Porém, por assim dizer, é uma luz que chega de fora e que agora faz com que ele brilhe também. Por outro lado, Jesus resplandece desde seu interior — não só recebe a luz, mas é, Ele mesmo, Luz da Luz.

Ao mesmo tempo, as vestes de Jesus, brancas como a luz durante a Transfiguração, falam também de nosso futuro. Na literatura apocalíptica, os vestidos brancos são expressão de criaturas celestiais, dos anjos e dos eleitos. Assim, o Apocalipse de João fala das vestes brancas que usarão aqueles que serão salvos (cf. sobretudo Ap 7, 9-13; 19, 14). E isso nos diz algo mais: as vestes dos eleitos são brancas porque foram lavadas com o sangue do Cordeiro (cf. Ap 7, 14). Pois, mediante o Batismo, uniram-se à Paixão de Jesus, e sua Paixão é a purificação que nos devolve a vestimenta original que havíamos perdido pelo pecado (cf. Lc 15, 22). Pelo Batismo somos cobertos de luz com Jesus e nos transformamos, nós mesmos, em luz[2] .

Cristo, modelo de beleza

A verdade fundamental que os cristãos acresceram ao mundo grego no campo da reflexão estética diz que, «além da beleza que a natureza manifesta, há a beleza divina que se manifesta em Cristo; é Cristo, e não o cosmos, o arquétipo de toda beleza, de toda forma»[3]. Cristo é «o mais belo dos filhos dos homens» (Sl 44, 3). Em Cristo, de alguma maneira a beleza divina une-se à humana — ou, noutras palavras, o conceito meramente humano do belo fica transformado, elevado.

São Tomás aplicava assim a Cristo as suas três propriedades da beleza. A *integridade* ou *perfeição* corresponde àquilo próprio do Filho, que contém em si mesmo, de forma real e perfeita, a natureza do Pai. A proporção ou consonância compete ao Filho também por causa de sua perfeita semelhança com a natureza

---

2   J. Ratzinger-Bento XVI, *Jesús de Nazaret I*, pp. 361-362.

3   I. Yarza, *op. cit.*, p. 56.

EDUARDO CAMINO | A Deus pela Beleza

do Pai, já que é imagem expressa dEle. Por fim, o esplendor, a *claritas*, corresponde ao Filho por sua condição de Verbo divino; dizer que é Verbo é o mesmo que dizer que é Luz, esplendor do entendimento[4].

Portanto, se é possível pregar a beleza de algo, é possível sobretudo falar da beleza de alguém. A Beleza é pessoa. Assim se conta no livro *O despertar da senhorita Prim*: «Disseram-me que a senhorita valoriza a delicadeza e a beleza — continuou o velho. — Procure então a beleza, senhorita Prim. Procure-a em silêncio, procure-a na calma, procure-a no meio da noite e no amanhecer. Pare para fechar as portas enquanto as procura, e não se surpreenda se descobrir que ela não vive em museus ou está escondida em palácios. Não se surpreenda se, finalmente, descobrir que a beleza não é um quê, mas um quem»[5].

Como já vimos, uma conversão memorável foi a de Santo Agostinho, que, até encontrar-se com a Beleza, bebeu por anos e anos de seus sucedâneos. Também ele fala dela como encontro com um *alguém*. «Tarde Te amei, Deus meu, beleza tão antiga e tão nova; tarde Te amei. Estavas dentro de mim e eu, distraído, buscava-Te fora; e, perdendo a beleza de minha alma, deixava-me levar por essas belas criaturas exteriores que criastes. Disso deduzo que estavas comigo e eu não estava contigo; e me afastavam e tinham muito distantes de Ti aquelas mesmas coisas que não teriam ser se não estivessem em Ti. Mas me chamaste, e chamaste tanto por minha alma que acabou com a minha surdez. Tanto brilhou a Tua luz, tão grande foi o seu resplendor, que afugentou a minha cegueira. Exalaste o Teu perfume e, respirando-o, suspirei por Ti, e suspiro e anseio por Ti. Provei a Tua doçura, e despertaste em minha alma uma fome e sede muito vivas. Tocaste-me, Senhor, e agora anseio ardentemente por Teus braços»[6].

Diante desses modelos de homens e mulheres que a sociedade atual segue empenhada em nos oferecer (modelos, jogadores de

---

4   Cf. São Tomás de Aquino, *Suma teológica*, I, q. 39, a. 8 co.

5   N. Sanmartín Fenollera, *op. cit.*, p. 299.

6   Santo Agostinho, *Confessiones*, X, 27.

Testemunho da beleza

futebol, atores e atrizes, reis das finanças, políticos e homens de governo, aventureiros exóticos e grandes empresários que diariamente competem para estar na primeira página dos jornais e nas capas de revistas, transformando-se em objetos de conversas vazias, de comparações inúteis e de inveja), Cristo, com sua vida, segue sendo o único *quem*, o único modelo válido e eterno de beleza. Diante dessas vidas tantas vezes vazias e efêmeras, tão externas e superficiais, sempre se elevará, ao longo dos séculos, a beleza da vida deste Homem-Deus, a resposta do Filho ao Pai.

Foi o que Pedro, Tiago e João perceberam naquele dia. Ficaram convencidos da Beleza divina. E nunca mais contemplarão, nos anos de vida que lhes restam, nada igual. Todas as belezas que virão a perceber serão apenas um pobre reflexo dAquele que contemplaram sobre o monte Tabor. Trata-se de algo parecido ao que experimentaram as crianças de Fátima diante da mulher «tão bela» que era a Virgem.

Em Jesus revelou-se a Beleza suprema: «Aquele que me viu, viu também o Pai» (Jo 14, 9). «Todo o poder, toda a majestade, toda a formosura, toda a harmonia infinita de Deus, as suas grandes e incomensuráveis riquezas, todo um Deus!, ficou escondido na Humanidade de Cristo para nos servir»[7]. Ele nos conduz ao Pai. «Disse-lhe Filipe: "Senhor, mostra-nos o Pai e isso nos basta". Respondeu Jesus: "Há tanto tempo que estou convosco e não me conheceste, Filipe! Aquele que me viu, viu também o Pai. Como, pois, dizes: 'Mostra-nos o Pai...' Não credes que estou no Pai, e que o Pai está em mim? As palavras que vos digo não as digo de mim mesmo"» (Jo 14, 8-10). Jesus nos apresenta à Beleza do Pai, à Trindade. Em Jesus podemos perceber a beleza que brota de uma relação pessoal intensíssima, concretamente trinitária, que é revelada no Tabor.

R. Luciani comentava, sobre von Balthasar, que este destacava três formas pelas quais conhecemos a beleza divina. Primeiro, pela Criação, por meio da qual Deus deu forma particular a tudo o que foi criado, diferenciando-o de si sem ficar totalmente afastado dEle. Este caminho é o que contemplamos na segun-

---

7   São Josemaria Escrivá, *Amigos de Deus*. Quadrante, São Paulo, 2021, n. 111.

da parte, ao tratar da beleza do cosmos e de seu ápice: o *agere* humano. Em segundo lugar, pela Encarnação, mediante a qual Deus deu a conhecer a sua glória sob forma humana num ato de livre autorrevelação. Dentro dela podemos localizar esse episódio peculiar no Tabor. Por fim, pela Trindade, para a qual a beleza de Cristo nos abre a porta: ao perceber tanta beleza, como será essa beleza Trinitária que tudo criou e tudo sustenta com o seu amor?[8] Essa é uma pergunta que por ora ficará no ar; porém, enquanto caminharmos por este mundo, o Espírito Santo nos conduzirá à resposta, trará lampejos à nossa imaginação e nos atrairá. Afinal, a ação do Espírito é um vivo «amor pela beleza» (*philokalia*) — e assim até que, um dia, no céu, ao conhecê-lO, conheceremos a nós mesmos e, desta maneira, em sua Beleza, descobriremos a nossa.

«E do céu baixou uma voz: "Eis meu Filho muito amado em quem ponho minha afeição"» (Mt 3, 17). Porque a nossa verdadeira beleza não é a que cremos ter, mas a beleza que Deus contempla. E a contempla se em nós vê o seu Filho (uma das tarefas do Espírito é a nossa transformação em Cristo). A criatura encontra graça diante de Deus. Por ter sido criada por Ele, goza da beleza, da bondade e da verdade; e, à medida que responde, com a própria vida, ao chamado da criação, a Beleza vai fazendo dela a «sua morada». A graça santificante é a própria consequência, aceita pela criatura, do fato de Deus lhe ter respondido e, portanto, se comprazer. A beleza que a resposta pessoal irradia e a graça que acompanha essa resposta se aninham no centro de nosso ser. A graça santificante é uma espécie de beleza sobrenatural. É a nossa beleza mais verdadeira.

Beleza e Amor

Como já anunciamos, na Transfiguração foi antecipada a beleza que se ocultaria no Calvário e, em parte, se concretizaria na Ressurreição. E, se a beleza pessoal jaz sobretudo nessa resposta ao chamado criador, a Cruz é o lugar privilegiado para contemplar

---

8 Cf. Rafael Luciani, *El misterio de la diferencia*. Analecta Gregoriana, Roma, 2002, p. 336.

a resposta amorosa de Cristo ao Pai, ou seja, a beleza de Deus: «a beleza do amor salvífico de Deus manifestado em Jesus Cristo morto e ressuscitado»[9]. Trata-se de uma resposta total, em plena identificação de vontades. Porque — como vimos — Cristo não diz nada próprio; é obediente e fiel ao Pai.

É conhecida a afirmação de Fiodor Dostoiévski no livro *O idiota*: a beleza «salvará o mundo»[10]. O protagonista do romance, que simboliza Cristo, apaixona-se por duas mulheres: Aglaia (cujo nome lembra o mito grego da beleza como esplendor, a beleza racional: Aglaia era uma das três Graças) e Natassia (cujo nome evoca a ressurreição, *anastasis*). Aglaia é uma boa mulher e vem de boa família, mas o protagonista acaba escolhendo por casar-se com Natassia, enigmática e obscura, pois estava convencido de que poderia salvá-la. Ela, porém, acabará por mergulhá-lo na loucura. Daí vem o título *O idiota* — afinal, não merece tal qualificação todo amor contrário à razão? No entanto, Dostoiévski compreende assim a beleza do amor redentor de Cristo, que ao amar-nos até a loucura (até a «des-razão») da Cruz, nos faz belos.

Voltemo-nos mais uma vez à nossa dedicatória para todos a quem um Deus racional parece pouco e anseiam a cada dia por ver seu rosto: «Não escondais de mim vosso semblante» (Sl 27, 8). Pois a razão busca, mas é o coração que encontra». E o amor nos chega, em primeiro lugar, pela beleza, e não pela razão. Dostoiévski acertou mais uma vez com a sua simbologia: o amor «dilata as pupilas», faz-nos ver mais, compreender melhor (recordemos o que foi dito sobre a crise da verdade como um dos transcendentais); assim, é capaz de chegar mais fundo no que se refere ao conhecimento das pessoas e, portanto, de Deus, uma vez que nos capacita para uma expressão e uma contemplação artística mais sofisticadas e depuradas. Fomos feitos para amar. Este é o nosso fim. E isso é algo que entra antes pelos olhos do que pela mente.

Desta forma compreende-se que, ao longo dos séculos, o homem busque e anseie por ver o rosto de Deus. «Até quando,

---

9   Papa Francisco, *Evangelii gaudium*, 36.

10   Cf. F. Dostoiévski, *O idiota*, III, cap. 5.

Senhor, de todo vos esquecereis de mim? Por quanto tempo ainda escondereis o vosso rosto?» (Sl 12, 2); ou: «Minha alma tem sede de Deus, do Deus vivo; quando irei contemplar a face de Deus?» (Sl 41, 3). O que os nossos três apóstolos perceberam no Tabor durou apenas alguns instantes, mas desde então, na Igreja, abriu-se um novo caminho para «a busca do rosto de Deus». Nesse rosto, glória e amor se beijam, esplendor e dor se abraçam. É isso o que podemos contemplar no Santo Sudário de Turim, ainda marcado com os sinais da Paixão.

Diante deste Sudário, os sentidos se anuviam e a razão emudece. A nossa *via pulchritudinis* se encontra com o mistério da dor — o qual, no fundo, é o mistério do amor: vemo-nos diante de um «paradoxo que é uma contradição»[11]. Estamos diante de Alguém que mais reluz quanto (como sua resposta) mais serve, quanto mais se diminui, quanto maior é a sua entrega, sua humildade, seu amor.

A beleza de Cristo manifestou-se no Tabor, mas também em seu rosto sofrido. Na paixão de Cristo,

> a experiência da beleza recebeu nova profundidade, um novo realismo. Aquele que é a própria Beleza deixou-se golpear no rosto, ser cuspido, coroado de espinhos — podemos imaginar tudo isso de forma emocionante no Sudário de Turim. Porém, é neste Rosto tão desfigurado que aparece justamente a autêntica, a extrema beleza: a beleza do amor que chega «até o fim» e que, precisamente por isso, revela-se mais forte do que a mentira e a violência. Quem percebeu esta beleza sabe que a verdade, e não a mentira, é a última instância do mundo. A mentira não é «verdadeira», mas é a verdade que o é. É como se a mentira utilizasse um novo truque para apresentar-se como «verdade» e nos dizer: além de mim não há nada, deixeis de buscar a verdade, deixeis de amá-la; se seguirdes assim, permanecereis no caminho errado. O ícone de Cristo crucificado nos livra desse engano tão disseminado hoje em dia. Além disso, planta em nós a condição de que nos deixemos ferir junto a Ele e creiamos no Amor, que pode arriscar-se a abandonar a beleza exterior para anunciar, deste modo, a verdade da beleza.
>
> A mentira também conhece outro truque: a beleza mentirosa, falsa, uma beleza extremamente luminosa que não permite que os homens saiam de si para abrir-se ao êxtase de elevar-se ao alto, mas

---

11   J. Ratzinger, «O sentimento das coisas, a contemplação da beleza», p. 14.

Testemunho da beleza

os aprisiona totalmente em si mesmos. É a beleza que não desperta a nostalgia do impronunciável, a disponibilidade ao oferecimento, ao abandono de si, mas antes desperta a cobiça, a sede de poder, de posse, de prazer. É esse tipo de experiência da beleza que apresenta o livro do Gênesis ao narrar o pecado original: Eva viu que o fruto da árvore era «belo» para ser comido e era «agradável aos olhos». A beleza, quando a experimentamos, desperta o desejo de posse, faz com que se dobre sobre si mesma (...)[12].

Quem não conhece a famosa frase de Dostoiévski: «A Beleza nos salvará»? Na maior parte dos casos esquecemos que a beleza de que o autor fala é a beleza redentora de Cristo. Precisamos aprender a vê-lO. Se conhecermos a Cristo não só de palavra, mas tocados pela ferroada de sua beleza paradoxal, obteremos um conhecimento verdadeiro dEle e saberemos dEle não só por termos ouvido falar. Então teremos encontrado a beleza da verdade, da verdade redentora[13].

O mesmo poderíamos afirmar sobre o Bem. Porque, olhando para esse rosto, não resplandece apenas o verdadeiro, mas também o bom. E, mergulhando nesse paradoxo, nessa contradição aparente, abrindo a alma ao mistério, é possível pelo menos intuir que esse bem — embora os sentidos e a razão possam nos dizer o contrário — é sempre mais abundante do que o mal.

Afinal, a redenção do homem operada por Cristo na Cruz imprime uma «forma» que nos revela que o amor é sempre mais forte do que a morte; que, onde reina o pecado, reinará ainda mais a graça; que somos mais do que as nossas ações; que toda santidade tem mais de «deixar fazer» do que de «fazer», mais de pedido e súplica do que eficiência; que o ordinário é o ambiente de encontro com a divindade; que a paciência tudo alcança; que, ainda que nos fartemos de nós mesmos, Deus jamais nos abandonará; que, por mais que não compreendamos o que às vezes acontece conosco, Ele será capaz de lançar luz sobre a nossa escuridão; que o que nos contraria e nos custa muitas vezes coincide com

---

12   Parece oportuno tecer, aqui, uma breve explicação das tentações no âmbito da beleza. A tentação, nesse sentido, seria o único belo (ou melhor, a ilusão de beleza) que resta ao pecado (ao feio). Ao vencê-la, passado o momento, experimentaremos o esplendor de uma beleza maior (autêntica): aquela que se desprende da palavra dada, da fidelidade, da coerência etc. Posso, por exemplo, ter deixado de ganhar muito dinheiro, mas não fui corrupto nem ladrão. Meu patrimônio material diminuiu, mas a minha beleza pessoal aumentou, já que deixei de tornar este mundo mais feio.

13   J. Ratzinger, «O sentimento das coisas, a contemplação da beleza», pp. 21-22.

EDUARDO CAMINO | A Deus pela Beleza

o que mais nos aproxima dEle; que às vezes avançamos mais quando pensamos que podemos menos; que seu plano é sempre o melhor; que tudo o que é realmente grande em nossa vida é um presente e vem dEle; que o que não podemos por nós mesmos, podemos por nosso Amigo; que somente Deus basta etc. E esta «forma», esta forma tão bela e tão própria do cristianismo, é a que esse rosto nos revela, onde a Cruz é a glória.

Efetivamente, de início, é justo reconhecer que os sinais da Paixão provocam certa repulsa, um «virar o rosto»; mas o olhar da fé consegue superar a limitação dos sentidos e da razão e chegar a contemplar ali a beleza de um rosto que nos fala de um amor incondicional. Assim,

> «o ápice, o arquétipo da beleza, se manifesta no rosto do Filho do Homem crucificado na Cruz dolorosa, revelação do amor infinito desse Deus que, em sua misericórdia pelas criaturas, restaura a beleza perdida por causa do pecado original. "A Beleza salvará o mundo" porque essa beleza é Cristo, a única beleza que desafia o mal e triunfa sobre a morte. Por amor, o "mais belo dos filhos dos homens" fez-se "homem das dores", "não tinha graça nem beleza para atrair os nossos olhares" (Is 52, 2), e deste modo devolveu ao homem, a todo homem, plenamente, a sua beleza, sua dignidade e sua verdadeira grandeza. Em Cristo, e apenas em Cristo, a nossa *via crucis* se transforma em *via lucis* e em *via pulchritudinis*»[14].

Se — digamos novamente — «quem crê em Deus, no Deus que se manifestou justamente nos semblantes alterados do Cristo crucificado como amor "até o fim" (Jo 13, 1), sabe que a beleza é verdade e que a verdade é beleza, mas no sofrimento de Cristo aprende também que a beleza da verdade implica ofensa, dor e, sim, também o mistério obscuro da morte, que só pode ser encontrado na aceitação da dor, e não em sua recusa»[15].

Basta recordar, por exemplo, a beleza que brilha em filmes como *A vida é bela*, *Um amor para recordar* ou *As filhas de Marvin*, para citar apenas alguns exemplos. Em todos eles, dor e amor se abraçam, e desta maneira surge uma beleza difícil de

---

14   Pontifício Conselho para a Cultura, *op. cit.*

15   J. Ratzinger, «O sentimento das coisas, a contemplação da beleza», p. 15.

explicar pela razão (é preciso contemplá-la!). Nada revela tanto a beleza divina como doar a vida ao outro por amor. No fundo, se «a beleza pode tanto sobre nós, [é] porque nos atrai com um vínculo de amor»[16]. Sim, a beleza sempre cria uma forma de contemplação que nos impulsiona a amar. Onde ela falta, falta o amor e, com ele, o sentido da vida e a capacidade criativa. Por isso, P. Florenski, conhecido como o Leonardo da Vinci russo, alguém que morreu fuzilado pelos comunistas em 8 de dezembro de 1937, depois de anos de prisão num *gulag*, afirmou que «a verdade revelada é o amor, o amor realizado é a beleza».

O rosto da Verdade e do Bem que mais pode atrair está na beleza humilde do amor crucificado. Também com certa dramaticidade, assim o explicava von Balthasar:

> O Logos, no qual se reúne tudo o que há no céu e na terra, no qual jaz toda a sua verdade, cai Ele mesmo na obscuridade, na angústia, na paralisia de todo sentimento e todo conhecimento, em um beco sem saída, em um abismo (...). O modo indicativo se perdeu; resta apenas a interrogação como forma de expressão.
>
> O fim da questão é o grito expressivo. É a palavra que já não é palavra, que por isso já não poderá ser nem entendida, nem explicada como tal (...).
>
> O Verbo de Deus no mundo calou-se: já nem mesmo dirige o seu grito a Deus pela noite; está sepultado na terra. A noite que o cobre não é uma noite de profunda desolação e de alienação mortal. Não é um silêncio cheio de mil segredos de amor, que brotam da presença cautelosa do amado; é, antes, um silêncio de ausência, de separação, do abandono vazio, que sucede a todas as separações do adeus; o cansaço é tal que já não pode suportar o esforço da dor[17].

A verdadeira beleza precisa da interdependência entre a luz e a escuridão, assim como a uva, para ficar madura, precisa do sol e da chuva. A fim de distinguir os metais preciosos, também se faz necessária a sua marca (que é como uma assinatura). A dor surge assim como a pedra de toque do amor, o que lhe confere valor, autenticidade.

---

16 B. Forte, *La «via pulchritudinis». Il fondamento teologico di una pastorale della Belleza.* Discurso de abertura da Plenária do Pontifício Conselho para a Cultura, Cidade do Vaticano, 27 de março de 2006.

17 H. U. von Balthasar, *El todo en el fragmento*, pp. 286-291.

Por fim, na Cruz poderemos contemplar a beleza e a força da renúncia, do doar-se, do martírio, da entrega e do amor sem limites. Ao perscrutarmos esse rosto sem pressa e tentarmos buscar um porquê, o Espírito despertará em nós o amor que nos permitirá ver beleza na dor humana. É daí que vem a surpreendente afirmação de Bento XVI: «Na crise, suportando o momento em que, parece, já não se pode mais nada, realmente se abrem novas portas e uma nova beleza do amor»[18], ao que se pode afirmar que a beleza ultrapassa a própria beleza, vai além, é inalcançável mas desejada; atraente mas escondida; infinita; mas presente no finito; mortal mas salvífica — e por isso emudece: é o silêncio de Deus[19]. Desta forma, «o martírio da cruz, que fora pensado para que o condenado não pudesse expressar de nenhuma forma a sua dignidade pessoal, transforma-se, em Cristo, no símbolo máximo da dignidade do ser humano, amado por Deus até a morte»[20].

Já não se trata, portanto, de expor a fé com beleza — tema sobre o qual falaremos a seguir —, mas de tentar dar um passo a mais: de sermos capazes de apreender a beleza da Cruz, a beleza da tribulação, de oferecer-se todo por amor, até o fim, até poder afirmar que a medida mais exata da qualidade de um amor verdadeiro é a beleza que ele faz surgir. Essa beleza existe. Sim, existe. Trata-se de uma luz arrebatadora, pacificadora, salvadora, de um amor sem fim, capaz de perseverar em meio às ondas mais turbulentas, da escuridão mais densa, da angústia mais fatal. Foi isso que Jesus quis que Pedro, Tiago e João compreendessem.

---

18 Bento XVI, Entrevista com sacerdotes, Castelgandolfo, 31 de agosto de 2006.

19 Assim explicava o cardeal C. M. Martini este silêncio de Deus: «Dostoiévski, em seu romance *O idiota*, coloca nos lábios do ateu Ippolit essa fala ao príncipe Míchkin: "É verdade, príncipe, que certa vez o senhor disse que a beleza salvará o mundo? Senhores — grita para todos em alta voz —, o príncipe afirma que o mundo será salvo pela beleza... Qual beleza salvará o mundo?». O príncipe não responde à pergunta (assim como o Nazareno diante de Pilatos não respondera à pergunta: "Que é a verdade?"). É quase como se o silêncio de Míchkin — que com infinita compaixão de amor encontra-se junto ao jovem de dezoito anos que está morrendo de tuberculose — quisesse expressar que a beleza que salvará o mundo é o amor que compartilha a dor» (C. M. Martini, *Quale bellezza salverà il mondo?*).

20 A. Ruiz Retegui, *Pulchrum*, p. 92.

Testemunhos da beleza

Os apóstolos: transmitir belamente o Evangelho

O que os três discípulos experimentaram naquele dia marcou as suas vidas. Foi um tipo de «clarão», uma espécie de peça-chave num quebra-cabeça existencial que ainda teria de esperar pelas outras peças para ser proclamada. Por isso Jesus lhes pediu, durante a descida, que não contassem aquilo a ninguém até a Ressurreição (coisa que eles fizeram, mas sem saber o que significava ressuscitar dos mortos). Dissera-o sobretudo porque ainda não havia chegado «a sua hora», mas também porque, depois da Ressurreição, este episódio ganhará seu sentido pleno: o quebra-cabeça se completaria; além disso, a visão posterior do corpo glorioso de Cristo os lembraria do acontecimento. E assim, após a Ressurreição de Jesus, eles saem a divulgar por todo o mundo tudo o que tinham visto e ouvido.

Como não se terão gravado em suas almas a Ressurreição e os demais acontecimentos compartilhados com Jesus para que Pedro e João, depois de passarem a noite na cadeia, respondessem a seus acusadores, que os ameaçavam caso voltassem a pregar: «Julgai-o vós mesmos se é justo diante de Deus obedecermos a vós mais do que a Deus. Não podemos deixar de falar das coisas que temos visto e ouvido» (At 4, 19-20)? Como entender as palavras de São Paulo: «Mas tudo isso, que para mim eram vantagens, considerei perda por Cristo. Na verdade, julgo como perda todas as coisas em comparação com esse bem supremo: o conhecimento de Jesus Cristo, meu Senhor. Por ele tudo desprezei e tenho em conta de esterco, a fim de ganhar Cristo» (Fl 3, 7-8)?

Sim, é evidente que, para os apóstolos, pregar era algo que provinha do que havia de mais profundo e verdadeiro em suas vidas, e não uma ordem externa. Falavam de Deus por ter experimentado algo assaz grande e belo, e o faziam como quem se encontra em situação de efervescência interior. O mesmo São Paulo considerava, por isso, preciosos os pés daqueles que percorriam os caminhos do mundo a fim de contar a todos os homens o que viram e ouviram (cf. Rm 10, 15; e Is 52, 7). Era uma obrigação, sim, mas uma obrigação lógica, prazerosa; uma obrigação necessária para o mundo e, sobretudo, para eles.

Este bem tão grande, esta verdade que se acomoda em seus corações, a beleza tão profunda que contemplaram, a salvação que carregam os enchem de compaixão pelo mundo, pelo que o mundo ainda não sabe e está perdendo. Observam quem os rodeia como, em seu tempo, o Mestre: «Vendo a multidão, ficou tomado de compaixão, porque estava enfraquecida e abatida como ovelhas sem pastor» (Mt 9, 36) — como ovelhas que se contentam com imitações da beleza ou, simplesmente, renunciam a buscar a verdade uma vez que dizem que «não existe» (como os relativistas), ou porque a vida lhes «foi muito cruel».

Também Platão, no Mito da Caverna, se referia a uma compaixão parecida. Recordemos a que sentia aquele que fugira por seus companheiros que ainda permaneciam dentro da caverna. Seu encontro com a realidade teve como consequência um aumento da visão e da responsabilidade. Então, já sem qualquer tipo de inveja ou atração pelo que vira antes (a vida antes vivida), volta a «descer à caverna» e, mesmo que no início se mostre torpe e necessite de um período de adaptação, uma vez que seus olhos devem acostumar-se outra vez à escuridão, dirige-se a eles para contar o que «viu» e a aparência na qual eles se encontram imersos. E insistirá quantas vezes forem necessárias. Repetirá uma e outra vez que a beleza «boa» é a que ainda não conhecem. E o fará até que, como única resposta, receba a zombaria (porque os demais, ao ver como lhes doem os olhos, rirão dele). Além disso, este homem falaria até que o matassem tentando libertá-los (eles resistirão porque não querem padecer da mesma dor que veem nele), pois, depois do que viu, todo sofrimento lhe parecerá pouco. É tanta beleza contemplada. Preenche-o tanto...

Como também afirmava o Papa Francisco, «toda experiência autêntica de verdade e de beleza procura, por si mesma, a sua expansão; e qualquer pessoa que viva uma libertação profunda adquire maior sensibilidade face as necessidades dos outros. E, uma vez comunicado, o bem radica-se e desenvolve-se. Por isso, quem deseja viver com dignidade e em plenitude não tem outro caminho senão reconhecer o outro e buscar o seu bem. Assim, não nos deveriam surpreender frases de São Paulo como estas: "O amor de Cristo nos absorve completamente" (2 Cor 5, 14); "ai de mim, se eu não evangelizar!" (1 Cor 9, 16) »[1]. Por isso, o «Ide por todo o mundo e pregai o Evangelho a toda criatura» (Mc 16, 15) pode, depois do que «viram e ouviram», ser traduzido por «caminhar por esta terra de maneira que todo o mundo possa apreciar a beleza em vossas vidas e, assim, abram também eles os seus olhos e corações à fonte de todo o Amor, que é a mesma Beleza». Este é o objetivo de todo cristão: mostrar a beleza de uma vida vivida em união com Cristo. Mostrar o atrativo de uma vida vivida em união com Cristo. Mostrar o atrativo da verdade e do bem.

No Tabor, Jesus dá testemunho de sua Beleza, de sua luz. Assim, podemos rezar com o Salmo: «É na vossa luz que vemos a luz» (Sl 36, 10) — como bem poderiam confessar, sem nenhuma dúvida, aqueles que viram Moisés descer do monte Sinai ou Pedro, Tiago e João descerem do Tabor. Ao ver essa luz em seus rostos, em todo o seu corpo, também nós ficaremos como que transformados e desempenharemos o nosso papel de ser para o mundo a luz de Cristo: «Vós sois a luz do mundo. Não se pode esconder uma cidade situada sobre uma montanha nem se acende uma luz para colocá-la debaixo do alqueire, mas sim para colocá-la sobre o candeeiro, a fim de que brilhe a todos os que estão em

---

1   Papa Francisco, *Evangelii gaudium*, 9.

casa. Assim, brilhe vossa luz diante dos homens, para que vejam as vossas boas obras e glorifiquem vosso Pai que está nos céus» (Mt 5, 14-16). Porque dar luz ao mundo (o que é impossível sem a dor) é enchê-lo de beleza. Porque, como afirmava Metastasio, «a beleza é luz divina e raio do céu que também torna celestiais os objetos nos quais reflete».

Jesus pediu aos seus algo além das explicações lógicas, além dos racioncínios fundamentados; pediu-lhes que fizessem brilhar a nova vida que lhes havia conseguido, e desta maneira as pessoas se sentiriam atraídas pela beleza da Verdade e do Bem, dando glória a seu Pai que está nos céus. Jesus quer que aqueles que O seguem o façam atraídos pela beleza do bem e da verdade, e não simplesmente «obrigados» ou «forçados» por razões necessárias. «Ó insensatos gálatas! Quem vos fascinou a vós, ante cujos olhos foi apresentada a imagem de Jesus Cristo crucificado?» (Gl 3, 1).

Assim, não cumpriríamos o seu pedido se, em nossas vidas, transmitíssemos uma imagem antipática, triste ou aborrecida, como se o fundamental para a conquista dos gozos celestes fosse a renúncia dos terrenos. Não. A vida eterna, com toda a sua beleza, é algo que já faz parte desta terra; além disso, «estou cada vez mais persuadido disto: a felicidade do Céu é para os que sabem ser felizes na terra»[2].

A vida cristã é muito bela e abundante. Transborda. «Pedi e recebereis, para que a vossa alegria seja perfeita» (Jo 16, 24). Ainda que o seu brilho não seja de alquime. «Não se trata de uma beleza exterior e superficial, de fachada, mas de uma beleza interior, que se delineia sob a ação do Espírito Santo e resplandece diante dos homens. Ninguém pode esconder o que é parte essencial do próprio ser»[3]. A mensagem de Cristo é uma mensagem de alegria; algo que inunda todo o Evangelho e que se manifesta desde o seu nascimento até a sua ida ao Céu. Desde o anúncio do anjo aos pastores, pois fora anunciar-lhes «uma alegria para todo o povo» (Lc 2, 10), até o regresso de seus

---

2   São Josemaria Escrivá, *Forja*, n. 1005.

3   Pontifício Conselho para a Cultura, *op. cit.*

discípulos a Jerusalém depois da Ascensão, pois regressaram «com grande júbilo» (Lc 24,52).

> A vida cristã, portanto, está convocada a transformar-se, com a força da Graça que concede Cristo ressuscitado, em um acontecimento de beleza capaz de despertar admiração, de provocar reflexão e convidar à conversão. O encontro com Cristo e seus discípulos, em particular com Maria, sua mãe, e com os santos, suas testemunhas, deve poder transformar-se sempre, em todas as circunstâncias, em um acontecimento de beleza, um momento de gozo, o descobrimento de uma nova dimensão da existência, uma exortação a pôr em marcha até a pátria celeste e desfrutar da visão da verdade «toda inteira» da beleza do amor de Deus: a beleza é esplendor da verdade e florescimento do amor[4].

A verdade e o bem são, sem dúvidas, exigentes. Mas trata-se de uma exigência que liberta, que não escraviza; que tira o melhor de nós mesmos e nos capacita para desfrutar belezas cada vez maiores. Assim nos recordava Bento XVI: «Quem faz entrar Cristo nada perde, nada, absolutamente nada daquilo que torna a vida livre, bela e grande. Não! Só nesta amizade se abrem de par em par as portas da vida. Só nesta amizade se abrem realmente as grandes potencialidades da condição humana. Só nesta amizade experimentamos o que é belo e o que liberta»[5].

Nada gera tanta alegria no coração do homem como a beleza. A aparição do belo nos faz ficar alegres sem precisarmos questionar sua utilidade. Sobre isso comentava J. A. Marina:

> É curioso esse parentesco entre a bondade e a beleza. Porém, mais interessante ainda é descobrir que ambas derivam da raiz indoeuropeia *dheu*, «manifestar». Já se sabe que o indoeuropeu é um idioma deduzido pelos especialistas a partir dos elementos comuns encontrados em muitas línguas europeias. Supõe-se que essas semelhanças devem-se ao fato de todas terem a mesma raiz em uma única língua. Da raiz *dheu* derivam «bem» e «belo», mas também «beato», que signnifica «feliz». A experiência estética é uma experiência alegre, produzida pela aparição da beleza. Chama-me a atenção que a palavra *tzamal*, usada pelos tojolabes, civilização

---

4   *Ibidem.*
5   Bento XVI, Homilia durante a Missa para o início do Ministério Petrino do Bispo de Roma, 24 de abril de 2005.

maia dos altos dos Chiapas, e que costuma ser traduzida como belo, signifique, na realidade, «o que manifesta o coração alegre das coisas e das pessoas».

Daí aquela alegria que deve surgir quando se comunica aos homens — já vimos — que são filhos de um Deus que os conhece pessoalmente, que os criou e os ama com fervor (pois, por cada um, morreu na Cruz e por cada um está presente a cada dia na Eucaristia), que está disposto a nunca abandoná-los, a perdoá-los sempre e fazê-los felizes alpara para além de seus sonhos e desejos mais ousados... Tudo isso transborda alegria! Um santo triste é um triste santo. Porque «a verdadeira virtude não é triste nem antipática, mas amavelmente alegre»[6]. Porque «a fé é alegria e, por isso, é beleza» (Bento XVI)[7].

Por contraste, em alguns ambientes há ainda uma visão triste da vida cristã, unida muitas vezes a uma ideia de Deus como alguém que, por meio de seus preceitos e mandamentos, pretende complicar a nossa vida e nos a alegria. Dizia São Josemaria Escrivá: «Vem de longe o empenho diabólico dos inimigos de Cristo, que não se cansam de murmurar que as pessoas entregues a Deus são da espécie dos "soturnos". E, infelizmente, alguns dos que querem ser "bons" servem-lhes de eco, com as suas "virtudes tristes"»[8]. Certamente, a alegria que oferece Cristo não consiste em um prazer banal e efêmero. Quando São Paulo afirma: «alegremo-nos no Senhor», não está dizendo «alegremo-nos apesar do Senhor». Ele crê — porque assim o experimentou em sua própria vida — que não existe alegria longe dEle. Trata-se daquela que não reside nas coisas desse mundo, mas na profundidade íntima de nossa existência, em nosso interior, ali onde nada, nem ninguém, nem nenhum poder no mundo, poderá roubá-la de nós. «Deixo-vos a paz, dou-vos a minha paz. Não vo-la dou como o mundo a dá. Não se perturbe o vosso coração, nem se atemorize!» (Jo 14, 27).

---

6   São Josemaria Escrivá, *Caminho*, n. 657.

7   É expressivo, nesse sentido, o título que C. S. Lewis dá ao livro em que narra a sua conversão: *Surpreendido pela alegria*.

8   São Josemaria Escrivá, *Sulco*, n. 58.

Por fim, ser cristão é um dom que nos foi concedido por algo e para algo. Ninguém pode dar o que não tem. Falar aos demais sobre Deus com a nossa vida e com as nossas palavras não é mais uma opção entre muitas. Por isso apontava São João Paulo II: «O nosso testemunho seria excessivamente pobre se não fôssemos primeiro *contemplativos do seu rosto*»[9]. Damos o que antes nos foi dado e nos preencheu. Por isso, todo o apostolado consiste em amar ao próximo como Ele nos amou, em escutá-los como Ele nos escuta, em lavar-lhes os pés como Ele lava os nossos pecados na confissão e em mostrar, a todo momento, essa misericórdia que continuamente se derrama em nosso coração. É preciso apresentar ao mundo a fonte de todo amor, a fonte da Beleza. A pastoral «deve favorecer novamente o encontro do homem com a beleza da fé»[10]. Uma igreja mais bela e alegre é, sem dúvidas, uma igreja mais atraente.

A beleza de todos os santos e da Virgem

Chegou a hora de retomar a afirmação de Bento XVI sobre os dois caminhos atuais de evangelização. Até agora temos nos dedicado exclusivamente à beleza; mas o Papa Emérito nomeava também os santos, mesmo que, como também antecipamos, no fim os dois caminhos se tornem um.

Em primeiro lugar, eles são uma via de evangelização porque supõem força, vida, testemunho. Os santos são ficam apenas em teorias; lutam para viver o que creem. Não são como placas de trânsito que dizem aos demais o que podem ou não podem fazer, mas sem mover-se. Os santos falam por meio de obras; atraem mais que as ideias, os discursos ou conselhos. Como explicava São Paulo aos coríntios: «Suas cartas, dizem, são imperativas e fortes, mas, quando está presente, a sua pessoa é fraca e a palavra, desprezível. Quem assim pensa, fique sabendo que, quais somos por escrito nas cartas, quando estamos ausentes, tais seremos também de fato, quando estivermos presentes» (2 Cor 10, 10-11).

---

9 São João Paulo II, Carta apostólica *Novo millennio ineunte*, n. 16.

10 J. Ratzinger, «O sentimento das coisas, a contemplação da beleza», p. 17.

Não é tão difícil dizer coisas, inclusive coisas verdadeiras e belas; difícil mesmo é levantar da cama todos os dias disposto a colocá-las em prática. É por isso que Pascal afirma: «Creio com facilidade nas histórias cujas testemunhas deixam-se degolar» (algo com o qual os sofistas de todas as épocas não seriam capazes de concordar). Todos os nossos raciocínios, no fundo, não têm mais força do que a que oferecemos com as nossas vidas, ou seja, quando batalhamos para encarná-los.

Os santos mostram com a própria vida a verdade de suas palavras e crenças. Lutam diariamente para que exista unidade entre o que dizem e o que fazem. Seu Mestre, Jesus, não foi um teórico: viveu o que disse, o que lhes ensinou. Deu a vida por isso. E por isso aqueles que tratam de imitá-lO são via privilegiada de encontro com Ele, pois transmitem a mensagem de que evangelizar é antes uma forma de viver do que de falar. Essa é uma forma de vida que envolve tudo e, logicamente, vai contra outras formas de vida, mas que também contagiará e golpeará as consciências justamente por essa luta pela coerência e integridade. O santo vive e dá a vida por Jesus — até o martírio, em alguns casos. Cristo «compensa a diferença que subsistirá até o fim do mundo entre a teoria e a prática dos cristãos. Paga com a vida cada uma de suas palavras»[11]. Ele, de fato, foi o primeiro mártir.

Em segundo lugar, os santos são uma via de evangelização porque amaram... até o fim. Com efeito, além dessa unidade entre teoria e prática, a luta pela santidade se estende até a unidade de vida, ou seja, até que todo o agir, pensar e desejar seja dirigido ao amor a Deus e às almas. Por isso, se atraem, é pela coerência que emana do amor ao qual tratam de direcionar todas as suas ações. Suas vidas se esvaziam para encher-se somente de amor. «Somente o amor é digno da fé», diria von Balthasar. «Estar circuncidado ou incircunciso de nada vale em Cristo Jesus, mas sim a fé que opera pela caridade» (Gl 5, 6). Apenas a beleza do amor estampado em obras é crível e contagia aos outros. Apenas o amor até a morte é o grande sinal de credibilidade do cristianismo. De modo que em todo verdadeiro cristão são inseparáveis a transmissão da fé

---

11   H. U. von Balthasar, *El todo en el fragmento*, p. 279.

Testemunhos da beleza

e um amor efetivo pelos demais[12]. O «ninguém tem maior amor do que aquele que dá a vida por seus amigos» (Jo 15, 13), como defendia R. Fisichella, «segue sendo para a reflexão teológica a expressão última e radical para provocar uma opção de fé. Apenas um amor como este é capaz de exigir uma confiança total e definitiva, pois se apresenta com as características de um amor tão evidente e escancarado, tão original e convincente, que, uma vez percebido, abandoná-lo equivaleria a recair na insegurança e na mais profunda angústia»[13].

Ao percebermos no santo seu caráter alegre e sereno, doce e paciente, percebemos também como a ação do Espírito Santo forma um belo amálgama com o esforço humano. O santo soube magistralmente amar e deixar-se amar[14]. Sem render-se, «impôs-se» pela beleza de sua entrega, pela espoliação ao extremo. Por isso, «na vida espiritual é de máximo interesse que se equilibrem o esforço humano e a passividade mística: assim se evita de uma só vez a dureza excessiva do falso ascetismo e o covarde abandono do quietismo»[15]. Se «a formação cristã deve ter como nervo próprio o saber detectar e admirar a beleza da

---

12 «Dou-vos um novo mandamento: Amai-vos uns aos outros. Como eu vos tenho amado, assim também vós deveis amar-vos uns aos outros. Nisto todos conhecerão que sois meus discípulos, se vos amardes uns aos outros» (Jo 13, 34-35). «João, tendo em mente este mandamento, afirmou que quem não ama o próximo não pode amar a Deus. A identidade do mandamento do amor a Deus e ao próximo não é uma simples "lei", mas constitui uma única realidade com a identidade hipostática de Deus e o homem em Cristo: dado que Ele nos ama como Deus e como homem, assim também aquele que O ama, ao responder com gratidão ao seu amor, ama nEle de maneira indistinta a Deus e ao homem. Isso é — para além de todo o projeto de humanismo — honrar e enobrecer ao homem em um grau altíssimo. Toda a civilização ocidental e mundial, que repousa verdadeiramente sobre este fundamento (e não sobre outros, que se referem a Cristo de maneira ilícita), constitui não apenas uma religiosidade insuperável como também uma humanidade insuperável» (*ibidem*, p. 93).

13 Pode-se completar essa ideia dizendo-se que não acessamos as coisas mais importantes de nossa vida por meio de demonstrações lógicas, mas por meio do testemunho pessoal e do amor.

14 «O deixar-se capturar pelo Espírito (no *fiat* feminino), que é disponibilidade e entrega efetivas tanto quanto renúncia à nossa posse de nós mesmos, é o único modo válido e frutífero, do ponto de vista cristão, pelo qual o homem (durante e depois de sua vida temporal) pode "fazer história" no sentido de Deus. Deixar-se capturar não é passividade vazia, pois toda semente de palavra e de espírito que se planta é sempre um convite e uma possibilidade real de participação na ação e na responsabilidade» (H. U. von Balthasar, *El todo en el fragmento*, p. 244).

15 G. Thibon, *op. cit.*, pp. 241-242.

santidade»[16], devemos saber unir na batalha ascética — como fizeram os santos — uma vontade firme e esforçada à primazia da graça.

> Convencido, evidentemente, da impossibilidade de alcançar a perfeição nesta terra, essa possibilidade não se transforma, no entanto, em uma prisão opressiva e a ideia de precisar chegar à sua própria perfeição não se converte em ideia obsessiva. Com efeito, dado que sabe que a sua morada tem de ser construída junto a Deus na graça, vive esperançoso em sua cabana destinada à destruição e segue caminhando livre ao longo do tempo. Ao consentir padecer misteriosas privações tendo em vista algo além e inacessível, dá, também, consentimento às missões misteriosas que lhe são confiadas pelo alto: nelas, as forças aumentam justamente quando pensa que já não dispõe de força alguma, as asas o sustentam, e aquilo cuja administração lhe é confiada é ainda maior do que ele mesmo poderia imaginar. Por isso pode compartilhá-lo, ainda que seja apenas como algo que pertence a outro e que tenha chegado a suas mãos de uma maneira incompreensível[17].

Refletem, assim, os santos a sua beleza principalmente na sua capacidade de querer e ser queridos. Ou, ao contrário, «a medida mais precisa da qualidade de determinado amor é a beleza que ele faz surgir»[18]. Deixando-se amar por Deus, os santos são capazes de transmitir esse amor que lhes é doado. A graça é uma luz que trespassa a alma e a transfigura, conferindo-lhe uma beleza que ela jamais teria por si mesma: uma beleza que só Deus pode dar. Ou seja, os santos «amaram a Deus, mas, sobretudo, deixaram-se amar, capturar por Ele. A caridade divina se tornou a sua, a beleza divina se derramou em seus corações e brilha por meio de seus gestos»[19]. Isso não os torna «distantes» ou «inalcançáveis»; ao contrário, seu esforço por manter-se unidos à fonte de toda beleza e de todo amor é o que os torna *justamente* próximos.

---

16 A. Ruiz Retegui, *Pulchrum*, p. 75.

17 H. U. von Balthasar, *El todo en el fragmento*, pp. 115-116.

18 *Ibidem*, p. 146.

19 C. M. Martini, *Quale bellezza salverà il mondo?*

Por fim, «santo é aquele que, sentindo-se de tal forma atraído pela beleza de Deus e por sua perfeita verdade, progressivamente por é por Ele transformado. Por esta beleza e verdade, está pronto a renunciar a tudo, também a si mesmo»[20]. O que menos o «inquieta» é a docilidade da graça. Ele ama a Deus e aos demais, e não a própria santidade.

Recordemos o que dizia São João Paulo II na *Carta aos artistas*: «Nem todos são chamados a ser artistas, no sentido específico do termo. Mas, segundo a expressão do Gênesis, todo homem recebeu a tarefa de ser artífice da própria vida: de certa forma, deve fazer dela uma obra de arte, uma obra-prima» (n. 2). Pois a autêntica obra de arte, a obra realmente «prima», é essa luta pela santidade.

Acaso não é bela a ação de Madre Teresa de Calcutá, ninando e cantando para o pequeno órfão entre os braços, sabendo que lhe restam poucos segundos de vida? E a ação do Padre Kolbe adiantando-se naquela fila da morte para oferecer a sua vida pela do pai de família? Mas não exemplifiquemos pensando apenas em ações extraordinárias: o que dizer da beleza de uma reconciliação entre irmãos depois de anos sem se falarem? E de uma confissão arrependida depois de se ter vivido anos distante de Deus? E dos esforços para sorrir naqueles que têm vontade de chorar? E da decisão de entregar-se? Sem dúvida são belas ações, as quais, de uma maneira ou de outra, forjaram milhares de santos ao longo da história; ações ocultas, sem publicidade, mas ações simplesmente belas.

Sim, todas essas ações emanam uma beleza que arrasta, que eleva, que impulsiona. «A beleza da santidade que emana do homem configurado com Cristo sob o impulso do Espírito Santo é um dos mais belos testemunhos, capazes de impressionar aos mais indiferentes e de fazê-los sentir o passo de Deus na vida dos homens»[21].

E se podemos dizer isso dos santos, se a santidade cristã se configura segundo a beleza do Filho, evidentemente a Imaculada

---

20 Bento XVI, Homilia na Solene Conclusão da XI Assembleia Geral Ordinária do Sínodo dos Bispos, do ano da Eucaristia e Canonização de cinco beatos, 23 de outubro de 2005.

21 Pontifício Conselho para a Cultura, *op. cit.*

Conceição é a mais perfeita ilustração desta «obra de beleza», a criatura mais perfeita, a *tota pulchra*, a totalmente bela, aquela na qual Cristo deixou sua marca mais indelével. A tal ponto que poderíamos dizer que a beleza é a sua Mãe. Maria é a obra-prima da criação.

Sim, «a Virgem Maria e os santos são reflexos luminosos e testemunhos atrativos da beleza única de Cristo, beleza do amor infinito de Deus que se dá e se comunica aos homens. Estes refletem, cada um à sua maneira, como as faces de um cristal, os matizes dos diamantes, as cores do arco-íris, a luz e a beleza originária de Deus de amor. A santidade dos homens é participação na santidade de Deus e, portanto, em sua beleza. Essa beleza, acolhida plenamente no coração e na mente, ilumina e guia a vida dos homens e suas ações cotidianas»[22].

Por isso

> «o ano litúrgico se inicia com a visão da beleza: a solenidade da Imaculada. E vem assim afirmada a primeira tarefa da Igreja: não impor doutrinas ou ensinar a verdade, mas cantar a beleza. Maria é a "cheia de graça" ("graça-*charis*": salvação, beleza e alegria), a toda bela, porque disse "aqui estou"; ela abriu toda a sua vida, sem poupar-se a nada, a aquele desejo que habita em todos nós, permitindo a Deus desdobrar na humanidade finita e limitada todas as suas capacidades: Maria deu à luz o infinito, a Deus.
>
> Nesta festa nos é apresentado o fim último de nossas vidas: a beleza futura da criação que assume o trono da graciosidade. Em Maria, de fato, primeiro fruto da salvação e sinal resplandecente da humanidade renovada, a humanidade é reconduzida ao projeto de Deus para o homem (cf. Gn 1).
>
> [Posteriormente,] no mistério da Assunção vemos nEla antecipado o nosso destino, a clara visão do que acontece quando o desejo de Deus e o da humanidade se encontram. Assim, São Paulo proclama que também nós somos "santos e imaculados" (Ef 1, 4), denominando-nos com o mesmo termo com o qual Maria foi glorificada pela Igreja. Em Maria, pois, se antecipa e realiza a totalidade da beleza

---

22   *Ibidem*. Neste contexto é significativo, por exemplo, lembrar o que diz F. Ebner ao morrer: «Entregar-se à vontade de Deus: que felicidade!»; é o que a Virgem fez por toda a sua vida. Sobre o seu túmulo reza esta inscrição: «Aqui jazem os restos mortais de uma vida humana em cuja grande escuridão brilhou a luz da vida, e nesta luz compreendeu que Deus é amor».

que todos estão chamados a receber e que a ressurreição de Cristo ofereceu a Ela e a nós. [Em outras palavras,] nEla todos podemos contemplar, cumprido, o nosso belo destino[23].

Padre Rupnik confessava, em uma entrevista: "O rosto é carnal, mas é maravilhoso quando conhecemos certas pessoas cujos rostos nos fazem esquecer que são de carne e nos levam além, ali onde o corpo se transubstancia no corpo glorioso, porque sua expressão já está integrada, totalmente penetrada, pelo Espírito, que já lhes deu a marca do amor realizado. Não se percebe, então, a carne como tal. Somos cativados pelo amor que habita nele. É assim mesmo. Creio que este seja o rosto da Virgem: é sua carne penetrada pelo olhar de seu Filho, e por isso há entre os dois alguma semelhança. Para mim, pintar, desenhar o rosto da Virgem é sempre um forte encontro com Cristo. Porque Ela lhe deu o seu rosto carnal, então..., imagine como Ele a via!»[24].

Por isso afirmamos que essas duas vias são uma única, já que é neles, e sobretudo nEla, que o *pulchrum* mais resplandece.

«E quando eu for levantado da terra, atrairei todos os homens a mim» (Jo 12, 32)

Para encerrar as nossas reflexões, voltemos àquele texto do início que falava dos gregos que se aproximaram de Felipe pedindo-lhe para ver Jesus. Pois esse pedido marca também o ponto de partida do contexto em que Jesus pronuncia as palavras que guiam esta última epígrafe: «E quando eu for levantado da terra, atrairei todos os homens a mim»[25] (Jo 12, 32) — isto é, os gregos me verão pregado em uma cruz. A resposta de Jesus é a

---

23 D. Barsotti, *Il mistero cristiano nell'anno liturgico*. San Paolo, Cinisello Balsamo, 2004, p. 70.

24 M. Rupnik, «La gran necessidad del hombre», *op. cit.*

25 Na tradução da *Vulgata* se dizia «todas as coisas» (aspecto cósmico da redenção), enquanto a *Neovulgata* preferiu «todos» em referência às pessoas (aspecto antropológico). Os dois sentidos são complementares: na realidade, Jesus atrairá a si a todos e a todas as coisas. Cf. P. Rodríguez, «*Omnia traham ad meipsum*. El sentido de Juan, 12, 32, en la experiencia espiritual de Mons. Escrivá de Balaguer», em *Romana* (Estudos 1985-1996), Boletim da Prelazia da Santa Cruz e Opus Dei, p. 253.

EDUARDO CAMINO | A Deus pela Beleza

chave da *via pulchritudinis*: muitos «gregos» (pagãos) desco-
brirão assim a Beleza. Porque a Cruz (e não tanto Belém, Betâ-
nia...) é a glória, a fonte máxima de revelação, de amor, e portanto o foco (por sua contradição) mais forte de luz, de beleza.
E a Transfiguração, como se viu, é um anúncio dessa glória
aos três dos seus a quem Jesus pediria um apoio «especial»
na Paixão.

Essas palavras de Jesus vêm precedidas historicamente de
um símbolo que o próprio São João nos revela: «Como Moisés
levantou a serpente no deserto, assim deve ser levantado o Filho
do Homem, para que todo homem que nele crer tenha a vida
eterna» (Jo 3, 14-15). Trata-se da passagem em que Moisés fez
uma serpente de bronze e a espetou com uma vara (resultando
na forma de uma cruz, permitindo que todos os que a mirassem
ficassem sãos, recuperavando-se das mordidas venenosas dos
répteis (cf. Nm 21, 4-9).

O olhar da serpente sempre exerceu seu fascínio Tal feitiço
nos remete novamente ao primeiro capítulo do Gênesis, em
que o diabo, adotando a forma desse animal, encanta Eva com
suas palavras (e seu olhar). Trata-se de um olhar fascinante,
mas que carece de verdade e de bondade: «É verdade que Deus
vos proibiu comer do fruto de toda árvore do jardim?» (Gn 3,
1). Assim como a serpente do paraíso surpreendeu o homem,
induzindo-o ao pecado, a exaltação de Moisés, símbolo da Cruz,
surpreenderá o homem apresentando-lhe a sua salvação.

E essas palavras de Jesus, destinadas a estender-se a todos os
homens e a todas as coisas até o fim dos tempos, encontram logo
depois de sua morte um cumprimento rápido. Depois de morrer,
«vieram os soldados e quebraram as pernas do primeiro e do outro que com ele foram crucificados. Chegando, porém, a Jesus,
como o vissem já morto, não lhe quebraram as pernas, mas um
dos soldados abriu-lhe o lado com uma lança e, imediatamente,
saiu sangue e água. O que foi testemunha desse fato o atesta (e
o seu testemunho é digno de fé, e ele sabe que diz a verdade), a
fim de que vós creiais. Assim se cumpriu a Escritura: "Nenhum
dos seus ossos será quebrado". E diz em outra parte a Escritura:
"Olharão para aquele que transpassaram"» (Jo 19, 32-37). João

Testemunhos da beleza

será o primeiro a olhar a Cruz «vendo» esse amor até o fim, completo, e depois do discípulo amado todos nós somos convidados a contemplar o mesmo. A Igreja, com sua liturgia, nos convida a isso ao menos em dois momentos: na celebração desta verdade, deste bem e desta beleza em todo 14 de setembro, Festa da Exaltação da Santa Cruz; e em toda Sexta-Feira Santa, dia em que se entoa: «Eis o lenho da Cruz, do qual pendeu a salvação do mundo».

Jesus nos salva, nos atrai do alto da Cruz de maneira dupla: oferecendo-se como objeto de contemplação (o que nos incentiva a nos entregarmos mais) e mudando-nos o olhar, nos transformando interiormente (obra do Espírito Santo, que nos faz «ver» o que antes não víamos, aquilo que viu São João). É o Espírito Santo que nos revela a beleza da Cruz, o que torna Cristo atraente.

Pois esse texto evangélico, no fundo, é um convite dirigido a todo cristão para ser outro Cristo; com a garantia de que, ao tomar esse caminho, a beleza de suas vidas fará com que outros homens possam descobrir a Deus. Lembre-se do que dissemos sobre o *agere*... O «quando eu for levantado...» manifesta a fecundidade da vida daqueles que se esforçam por «ser outro Cristo» em tudo o que fazem, ou seja, em todas essas cinco dimensões pelas quais — como víamos — transcorre a existência humana.

Como já comentamos, a vida de todo ser humano é convocada a transformar-se em um diálogo amoroso com o Pai, a tentar fazer tudo por Cristo, com Ele e nEle. Nesse sentido, todas as suas boas obras podem chegar a transformar-se em «oração», em palavras de amor. Não é preciso tratar-se de palavras exteriorizadas e, em muitas ocasiões, nem mesmo interiorizadas...

Na tradição cristã denomina-se «contemplação» essa forma de oração que, por causa do amor, não precisa de palavras. Consiste num conhecer amando e num amar conhecendo (a contemplação, segundo São Tomás, é um conhecimento verdadeiro e não, como pensava Kant, mera condescendência subjetiva) que nos faz perscrutar a infinitude de Deus; por isso, conduz necessariamente a uma entrega mais intensa, pois percebeu-se, de um modo novo, a infinita distância (e, ao mesmo tempo, a tremenda aproximação) entre Deus e o homem.

Pelo que percebemos nessa distância tão próxima quanto distante, «é esse amor incrível e ao mesmo tempo humilde, atraente, que faz com que nos envolvamos e assombremos, o que expressa a verdadeira beleza que salva. Esse amor é fogo devorador; a ele ninguém resiste, exceto com uma obstinada incredulidade ou um persistente desprezo, a ficar em silêncio diante de seu mistério, ou seja, o mistério da "dimensão contemplativa da vida"»[26]. Na contemplação se encontra essencialmente, e por si mesma, a beleza.

«O amor universal de Deus constitui o fundamento da harmonia e da beleza do mundo; trata-se de um Amor divino que, em sua universalidade, não se fragmenta, pois é amor por cada coisa na unidade de Deus; e, a tal amor, os homens devem corresponder com um amor que, a partir das coisas, se eleve ao amor pelo único Deus»[27].

Desta maneira, os cristãos se transformam eles mesmos em *via pulchritudinis*, ajudando Deus a estender no tempo o efeito redentor da Cruz. Ou seja, seu comportamento «despertará» o esplendor da beleza do lenho da Cruz. Assim colocaremos Cristo no cume de toda atividade humana. Como Moisés elevou a serpente no deserto, nós alçaremos Cristo nas ruas e praças; e mais: nós mesmos seremos esse Cristo elevado.

Em cada Missa, Cristo é material e sacralmente aclamado, de modo que cada sacrário evoca estas palavras de Jesus. É no sacrifício do altar, o mesmo que o da Cruz, que geralmente recebemos a ajuda (a graça) para essa transformação em Cristo. Cada comunhão nos vai assemelhando silenciosa e discretamente, mais e mais, a Ele. Com a ajuda da Eucaristia poderemos contemplar melhor o amor da Cruz e nos será mais fácil imitar essa resposta plena. O próprio Cristo nos ajuda a elevá-lO, a alçá-lO ao topo de nossa existência.

Uma última reflexão, que será feita em forma de pergunta. Pensemos, enfim, em como tornar a Cruz atraente e perguntemos, olhando-a: como falar de beleza ante a sua exigência, ante

---

26   C. M. Martini, *Quale bellezza salverà il mondo?*, *op. cit.*

27   I Yarza, *op. cit.*, pp. 59-60.

tanta renúncia, ante a entrega do próprio eu a esses extremos? Há muitos caminhos para seguirmos como seres humanos. Mas todos eles partem de um mistério de insondável beleza: ter a Cruz é ter a felicidade. Esta é a grande verdade e, portanto, a grande beleza. São Josemaria Escrivá confessava: «Fizeste, Senhor, que eu compreendesse que ter a Cruz é encontrar a felicidade, a alegria. E a razão — vejo-o mais claro do que nunca — é esta: ter a Cruz é identificar-se com Cristo, é ser Cristo, e, por isso, ser filho de Deus»[28].

* * *

Assim traduziu Julio Cortázar os últimos versos da *Ode a uma urna grega*:

> *Cuando a nuestra generación destruya el tiempo*
> *tú permanecerás, entre penas distintas*
> *de las nuestras, amiga de los hombres, diciendo:*
> *«La belleza es verdad y la verdad belleza»...*
> *Nada más se sabe en esta tierra y no más hace falta.*

> [Quando esta geração destruir o tempo
> tu permanecerás entre penas distintas
> das nossas, amiga dos homens, dizendo:
> «A beleza é verdade e a verdade é beleza»...
> Nada mais se sabe nesta terra, e nada mais é preciso saber.]

A verdade e a beleza que encerram estas palavras serão compreendidas por alguns antes e por outros, depois. Beatriz foi uma das últimas que o fez. Registrou em seu diário alguns dias antes de morrer de leucemia: «Os remédios não me curaram. Sempre achei que comeria o mundo com os olhos, mas a doença me obrigou a fechá-los. Pouco a pouco, descobri que com os olhos fechados vejo mais. Comecei a ver a beleza que há em cada coisa, em cada pessoa. E que não morre nunca»[29].

---

28 Meditação, 28-IV-1963. Citada por P. Rodríguez, *op. cit.*, p. 271.

29 Citado do filme *Branca como a neve, vermelha como sangue* (Giacomo Campiotti, 2013).

Com a ajuda divina, nós também chegaremos a ser capazes de perceber a beleza onde, inicialmente, os nossos olhos só conseguiam ver tragédia e dor. Poderemos descobrir, e, portanto, valorizar e enxergar muitos acontecimentos de outra maneira, encontrando beleza e nos alegrando onde tantos permanecem ainda cegos e lamentosos. Com palavras do filme *Patch Adams*, veremos «o que os demais não veem. O que os demais escolhem não ver por temor, conformismo ou preguiça. Ver o mundo de uma nova forma a cada dia». Por fim, quem cultiva a beleza sabe que no fundo da caverna platônica não há mais que sombras, nada parecidas com o Sol. Quem cultiva a beleza sabe que «a roupa nova do imperador» só revela uma feia nudez, por mais que a multidão diga que é bela e magnífica. Seus brados de beleza não passam de palavras vazias, nada comparáveis à beleza que surge da entrega de qualquer alma ao chamado divino.

Sem a beleza estamos perdidos, nada vale, nos transformamos em escravos. Com ela, porém, seremos salvos. «E nada falta».

Via pulchritudinis? Sim, porque somos seres terminados; porque a nossa inteligência, mais que organizadora da realidade e da verdade, é contemplativa deste fim (beleza) ao qual fomos chamados; porque nossa vontade, mais do que capacidade de decisão e execução, é doadora de um amor que nos foi ofertado previamente. Sim, pois a beleza é sobretudo esplendor da verdade e do bem diante da criatura inclinada em direção à verdade e ao bem infinitos. Quão bem ensinava-se em alguns países, até cem anos atrás, o que era arte: «o universal no particular», o infinito no finito[30]. Deveríamos recuperar essa sabedoria o quanto antes.

Por fim, como diria Charles Péguy, ao longo destas páginas pretendemos dizer infinitamente mais do que podem expressar as palavras e, portanto, estamos plenamente cientes de que qualquer outra reflexão sobre a beleza exigirá sempre infinitas palavras novas.

---

30   Cf. Corti, *El caballo rojo*. Rialp, Madri, 1990, p. 85.

Direção geral
Renata Ferlin Sugai

Direção editorial
Hugo Langone

Produção editorial
Gabriela Haeitmann
Juliana Amato
Ronaldo Vasconcelos
Daniel Araújo

Capa
Gabriela Haeitmann

Diagramação
Sérgio Ramalho

ESTE LIVRO ACABOU DE SE IMPRIMIR
A 27 DE NOVEMBRO DE 2022,
EM PAPEL PÓLEN BOLD 90 g/m².